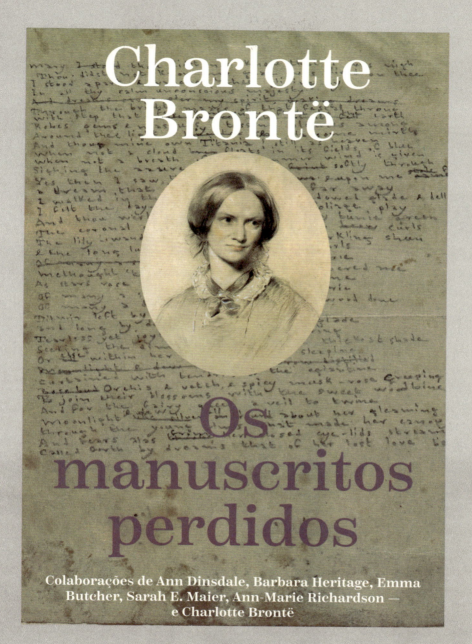

Charlotte Brontë

Os manuscritos perdidos

Colaborações de Ann Dinsdale, Barbara Heritage, Emma Butcher, Sarah E. Maier, Ann-Marie Richardson — e Charlotte Brontë

COPYRIGHT © THE BRONTË SOCIETY, 2018
COPYRIGHT © FARO EDITORIAL, 2019

Todos os direitos reservados.
Nenhuma parte deste livro pode ser reproduzida sob quaisquer meios existentes sem autorização por escrito do editor.

Diretor editorial PEDRO ALMEIDA
Coordenação editorial CARLA SACRATO
Tradução THEREZA CHRISTINA ROCQUE DA MOTTA
Revisão TUCA FARIA
Projeto gráfico STUBBS DESIGN
Imagem de capa © THE BRONTË SOCIETY
Capa e adaptação de projeto OSMANE GARCIA FILHO

Todas as fotos © The Brontë Society exceto se creditado de outro modo na legenda.

Dados Internacionais de Catalogação na Publicação (CIP)
Angélica Ilacqua CRB-8/7057

Os manuscritos perdidos de Charlotte Brontë / colaboração de Ann Dinsdale...[et al] ; tradução de Thereza Christina Rocque da Motta. — São Paulo : Faro Editorial, 2019.
176 p. : il.

ISBN 978-85-9581-097-6
Título original: The lost manuscripts of Charlotte Bronte

1. Brontë, Charlotte, 1816-1855 – Manuscritos 2. Brontë, Charlotte, 1816-1855 – Biografia 3. Brontë, Charlotte, 1816-1855 – Crítica e interpretação I. Título II. Motta, Thereza Christina Rocque da

19-0497   CDD 823.8

Índice para catálogo sistemático:
1. Literatura inglesa – Charlotte Brontë – Livros clássicos

1ª edição brasileira: 2019
Direitos de edição em língua portuguesa, para o Brasil, adquiridos por FARO EDITORIAL

Avenida Andrômeda, 885 - Sala 310
Alphaville — Barueri — SP — Brasil
CEP: 06473-073
www.faroeditorial.com.br

Sumário

PREFÁCIO   4
Judi Dench — Atriz

INTRODUÇÃO   6

PERDIDO E ENCONTRADO   10
Ann Dinsdale
A incrível história do exemplar de *The Remains of Henry Kirke White* que pertenceu aos Brontë.

A ARQUEOLOGIA DO LIVRO   22
Barbara Heritage
Uma análise profunda do *Remains* para descobrir a história e o significado para a família Brontë.

UMA VISITA A HAWORTH: UNINDO FANTASIA À REALIDADE   70
Emma Butcher
Uma interpretação do recém-descoberto conto de Charlotte Brontë em que os personagens fictícios, que vivem no mundo imaginário da Cidade de Cristal, chegam a Haworth e encontram os moradores.

CRISTAIS PARTIDOS: RAPAZES, SEDE DE SANGUE E BELEZA   94
Sarah E. Maier
A partir dos fragmentos encontrados no *Remains*, a extraordinária juvenília de Charlotte Brontë é reexaminada quanto à sua visão peculiar sobre a masculinidade.

REINVENTANDO O CÉU   132
Ann-Marie Richardson
Tendo como foco as pequenas anotações e os desenhos encontrados no *Remains*, traçamos paralelos com os comentários escritos por Cathy, através da descrição de Emily Brontë em *O Morro dos Ventos Uivantes*, e a história de amor dividido que teve como inspiração o poema de Kirke White.

Prefácio

A história da família Brontë é extraordinária, assim como a história do livro que pertenceu à Sra. Brontë — e dos novos manuscritos guardados dentro dele. Quando aceitei o cargo de presidente da Sociedade Brontë no início das comemorações do bicentenário em 2016, eu o fiz disposta a celebrar e divulgar o legado desta família icônica e fascinante durante esse período. Não imaginava que poderia haver uma nova descoberta a ser celebrada, uma preciosa relíquia a ser encontrada, mas foi o que aconteceu.

A história de um livro "salvo das águas" é uma lenda romântica, o tipo de lenda que podemos encontrar na juvenília dos irmãos Brontë, mas o significado do livro da Sra. Brontë, uma edição em dois volumes de *The Remains of Henry Kirke White* [Os remanescentes de Henry Kirke White], editado por Robert Southey e publicado em 1810, produz ressonâncias para além do simples fato de possuí-lo. A Sra. Brontë é uma presença invisível na história da família Brontë. Não é surpresa que os romances de Charlotte, Emily e Anne descrevam órfãos de mãe — a primeira infância foi inegavelmente marcada pela morte prematura de sua mãe aos trinta e oito anos. Não podemos deixar de nos emocionar ao saber que o livro que pertenceu à Sra. Brontë foi passado aos filhos pequenos, que se puseram a lê-lo e relê-lo, e, gosto de imaginar, os inspirou a começar a escrever.

É difícil conceber a importância desse livro — um objeto imbuído de perda, mas imensamente marcado pela presença dos filhos Brontë. Também é um objeto que trouxe surpresas — um novo conto e um poema juvenis de Charlotte foram descobertos escondidos dentro dele — para o deleite dos estudiosos dos Brontë.

Como fã incondicional da família Brontë, foi um privilégio aprender mais sobre a história deste livro da Sra. Brontë, e ler as diversas análises críticas reunidas aqui. Espero que, agora que este extraordinário objeto retornou ao seu lar em Haworth, inspire uma nova geração de estudiosos dos Brontë para pensar, analisar e criticar e, ao fazer isso, revelar mais sobre a vida e a obra desta notável família.

Judi Dench, presidente da Sociedade Brontë.

Introdução

Descobrir manuscritos inéditos de Charlotte Brontë, uma das maiores e mais amadas escritoras inglesas, é um marco célebre — e a história por trás dessa descoberta é igualmente incrível.

Os fragmentos dos manuscritos, um conto e um poema, apareceram pela primeira vez em 2015, mais de cento e cinquenta anos após a morte de Charlotte. Curiosamente, foram descobertos entre as folhas de um livro que havia pertencido à sua mãe, Maria.

O livro, *The Remains of Henry Kirke White*, era um dos tesouros de Maria, e quando o navio que levava seus pertences encalhou, o livro foi "salvo das águas". Após a morte prematura de Maria, o exemplar, que se tornara uma valiosa recordação, foi lido por todos da família. Ele também foi usado como um repositório, os filhos e o pai acrescentando comentários, fazendo rabiscos, caricaturas e anotações nas páginas.

Quando os manuscritos de Charlotte foram colocados no volume? Quem os teria escondido cuidadosamente no livro? Foi o pai de Charlotte, Patrick, que sobreviveu aos seis filhos? Foi o viúvo enlutado de Charlotte, Arthur Bell Nicholls, ou teria sido o trabalho subsequente de um colecionador particular? Nunca saberemos ao certo, mas, com uma pesquisa meticulosa, começamos a desvendar esse mistério.

Após a morte de Patrick em 1861, os bens da casa foram vendidos em um leilão, incluindo o exemplar de *The Remains of Henry Kirke White* da Sra. Brontë, que passou às mãos de colecionadores particulares nos Estados Unidos. Não se soube mais do livro até 2015, quando chegou à Randall House, uma loja de livros raros na Califórnia. Ali, foram instruídos a vendê-lo em nome do dono, que conhecia os valiosos conteúdos.

A Randall House entrou em contato com o Brontë Parsonage Museum e enviou fotos de trechos dos manuscritos — apenas o bastante para autenticar a caligrafia, mas sem revelar muito sobre os maravilhosos textos. Como o livro e os manuscritos eram claramente uma das peças de bronteana [tudo que se relaciona aos Brontë] mais

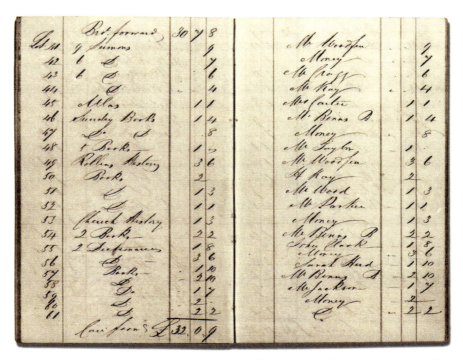

Extrato do registro manuscrito da venda dos itens do Presbitério após a morte de Patrick, em 1861.

importantes a vir à luz em décadas, a Sociedade Brontë lançou uma grande campanha para angariar fundos.

Reconhecemos aqui nossa dívida com esse vendedor anônimo. Se o livro tivesse ido a leilão, sem dúvida teria sido comprado por outro colecionador particular.

Mas, em vez disso, o Brontë Parsonage Museum teve tempo para levantar o vultoso preço de venda, que conseguiu pagar graças a uma generosa doação do National Heritage Memorial Fund, e os fundos adicionais da V&A Purchase Grant Fund e dos Amigos das Bibliotecas Nacionais. Então, finalmente, em 2016, *The Remains of Henry Kirke White* voltou ao Brontë Parsonage Museum em Haworth, após um intervalo de cento e cinquenta e quatro anos.

Muito foi escrito sobre os Brontë, mas ainda há lacunas naquilo que sabemos, e o retorno para Haworth de qualquer relíquia ou manuscrito que tenha pertencido a eles é uma rica oportunidade para conhecer mais sobre a família e seu trabalho. O exemplar da Sra. Brontë foi de fato bem manuseado, e tinha grande valor sentimental para os filhos, que, ainda muito jovens, perderam a mãe. Além disso, os escritos inéditos de Charlotte apresentam novas chances de pesquisa.

Agora, pela primeira vez, quatro das principais estudiosas dos Brontë trazem interpretações e análises deste achado tão significativo.

Barbara Heritage marca a cena no ensaio "A arqueologia do livro", embarcando em algo próximo a uma escavação arqueológica, quando, de forma detetivesca, começa a revelar a história do livro e seu significado para a família Brontë. Usando todas as provas disponíveis, ela vê o livro através dos olhos dos Brontë e discute sobre quem poderia ter contribuído para fazer os esboços, rabiscos e anotações, e por que os manuscritos de Charlotte, produzidos aos dezessete anos, estavam escondidos no volume. Ela revela a história de Henry Kirke White, e questiona se os textos e a morte prematura têm alguma relação com os temas dos manuscritos de Charlotte. Os diversos níveis de provas dentro do livro da Sra. Brontë são abertos e revelados em detalhes minuciosos, apresentando uma nova visão da jornada dessa preciosa relíquia.

Dois dos ensaios se concentram na surpresa trazida pelo livro da Sra. Brontë — o fragmento em prosa e o poema escritos por Charlotte na adolescência. Em seu ensaio "Uma visita a Haworth", a Dra. Emma Butcher examina meticulosamente o fragmento do manuscrito em prosa, o único de todos os textos de Charlotte. Aqui, pela primeira vez, Charlotte permite o mundo imaginário da Cidade de Cristal, o tema de seus extensos escritos de juventude, a se fundir com Haworth, a vila onde vive.

Em uma história descrita como "emocionante, devassa e ousada", Charlotte faz seu herói ficcional, Lorde Charles Wellesley, visitar Haworth e se relacionar (de uma forma um tanto ofensiva!) com os moradores locais. O conto apresenta um açoitamento público, um desfalque na capela wesleyana e uma caricatura do Reverendo John Winterbottom, o opositor religioso de seu pai.

Em "Cristais partidos", a Dra. Sarah E. Maier examina tanto o fragmento em prosa quanto o poema — que apresenta Mary Percy, uma das principais personagens das sagas da Cidade de Cristal — encontrados dentro do livro da Sra. Brontë. Ela verifica a colaboração entre Charlotte e o irmão, Branwell, e analisa o papel do gênero no texto de Charlotte.

O exemplar de *The Remains of Henry Kirke White* da Sra. Brontë teria sido lido e estudado por toda a família e, em seu ensaio, "Reinventando o Céu", Ann-Marie Richardson destaca o impacto que o livro deve ter causado sobre Emily, a mais misteriosa das irmãs Brontë. Ela analisa o efeito da obra na estrutura e na psique da obra-prima de Emily, *O Morro dos Ventos Uivantes*, e assegura, com veemência, que Maria Brontë assombra as páginas do livro.

Esses quatro ensaios apresentam uma nova visão sobre a intrigante história dos Brontë, e são um maravilhoso acréscimo para o estudo sobre sua obra. Cada colaboradora escreve com estilo pessoal e sua própria voz, e então é compreensível que haja diferenças de interpretação e teorias conflitantes quanto quais membros da família teriam feito as anotações, esboços e rabiscos.

Isso tudo faz parte do mistério, e será assunto de debate ainda por muitos anos. Esta notável descoberta acendeu a imaginação de todos, e dá aos leitores do século XXI uma visão extraordinária sobre o mundo da família Brontë.

PERDIDO E ENCONTRADO

Ann Dinsdale

A história do livro perdido de Maria Brontë
e a descoberta dos manuscritos de Charlotte

Esta é a história extraordinária da descoberta dos manuscritos inéditos de Charlotte Brontë quando tinha apenas dezessete anos. Foram encontrados dentro de um exemplar de *The Remains of Henry Kirke White*, editado por Robert Southey, um estimado bem da família Brontë e uma recordação preciosa de Maria, mãe de Charlotte.

Desafiando todas as possibilidades, o livro foi salvo de um naufrágio, vendido a um colecionador particular nos Estados Unidos — e finalmente retornou ao verdadeiro lar, o Brontë Parsonage Museum, em Yorkshire.

Ann Dinsdale é a curadora principal do Brontë Parsonage Museum em Haworth, cujo trabalho envolve organizar as exposições e preservar sua coleção. É colaboradora dos livros *The Brontës in Context* [A Família Brontë] e *A Companion to the Brontës* [Em Companhia dos Brontë] e autora de *At Home with the Brontës: The History of Haworth Parsonage and its Occupants* [No Lar dos Brontë: A História do Presbitério de Haworth e seus Moradores].

No outono de 1812, um navio encalhou na costa de Devonshire. Ninguém morreu naquela quase catástrofe, mas grande parte dos bens jamais foi recuperada. Entre os itens caídos no mar, havia um baú que continha os pertences de uma mulher de vinte e nove anos, nascida na Cornualha, Maria Branwell.

Maria Branwell deixara sua confortável casa em Penzance meses antes naquele ano para ir morar com parentes em West Riding, Yorkshire. Logo depois de chegar, conheceu um amigo de seu tio e também clérigo, o Reverendo Patrick Brontë. Depois de uma corte muito rápida, ficaram noivos. Em carta para Patrick, pouco antes do casamento, Maria lhe informou:

> *Suponho que nunca tenha esperado ser mais rico para mim, mas, com pesar, lhe informo que estou ainda mais pobre do que imaginava. Eu lhe disse que havia pedido que me enviassem meus livros, roupas etc. Na noite de sábado, enquanto você escrevia descrevendo seu naufrágio imaginário, eu lia e sentia os efeitos de um naufrágio real, após receber a carta de minha irmã relatando que o navio, no qual despachara minha caixa, encalhou no litoral de Devonshire e, em consequência, espatifou-se com a violência do mar, e todos os meus parcos bens, com exceção de muito poucos itens, foram tragados pelas profundezas.*

Entre os itens salvos do navio estavam os dois volumes do exemplar de *The Remains of Henry Kirke White* de Maria, editado por Robert Southey e publicado em 1810.

Após o casamento de Maria e Patrick Brontë, este livro a acompanhou a Lousy Thorn Farm, em Hartshead, onde se acredita que tenham dado início à vida de casados, e depois para Clough House, em Hightown, onde nasceram as duas primeiras filhas, Maria e Elizabeth. Em 1815, a família Brontë se mudou para o Presbitério em Thornton, próximo a Bradford, onde Maria deu à luz seus quatros filhos famosos: Charlotte (1816), Branwell (1817), Emily (1818) e Anne (1820). Os cinco anos que eles passaram em Thornton foram agradáveis e amenos, mas tudo mudou em 1820, quando, logo depois do nascimento de Anne, a família se mudou definitivamente para Haworth.

Presbitério de Haworth: esta é a foto mais antiga conhecida do Presbitério, tirada por volta de 1850.

O Presbitério de Haworth, no limite dos charcos açoitados pelos ventos de Yorkshire, tornou-se o lar dos Brontë pelo resto da vida. Logo depois da mudança, Maria desenvolveu uma doença que se acredita ter sido câncer uterino. Ela morreu em 15 de setembro de 1821, aos trinta e oito anos, com o marido e a irmã à cabeceira e seus seis filhos amontoados ao pé da cama. A mais velha, Maria, tinha apenas sete anos, e a mais nova, Anne, não tinha sequer completado dois. Em seguida à sua morte, o Sr. Brontë acrescentou uma inscrição em latim no exemplar do *Remains*, registrando que os volumes tinham pertencido à sua amada esposa, que foram "salvos das águas", e deveriam ser preservados para sempre.

Elizabeth Branwell, que viajara para Yorkshire para ajudar a cuidar da irmã, resignou-se a permanecer em Haworth, assumindo o papel de governanta do Presbitério e criando os sobrinhos. Ela passou a usar o quarto que fora de Maria, e se pôs a instruir as jovens sobrinhas nas artes do bordado e da costura e na administração da casa.

Sempre ficou claro que as crianças, um dia, precisariam se sustentar e, para as meninas, a única carreira aceitável seria lecionar. Para isso, deveriam receber uma educação além da que a tia poderia fornecer, e quando uma nova escola para filhas de clérigos com parcos recursos abriu em Cowan Bridge — a um dia de viagem de Haworth — pareceu-lhes a solução ideal. O custo da diretoria e da educação era subsidiado por uma respeitável lista de benfeitores.

Em 1824, as quatro irmãs mais velhas foram despachadas para a escola. As condições árduas mais tarde deram a Charlotte o modelo para a infame Escola Lowood no romance *Jane Eyre*. No ano seguinte, Maria e Elizabeth retornaram doentes para casa, e morreram no Presbitério com poucas semanas de diferença, contando apenas onze e dez anos de idade.

Nos anos seguintes, os quatro filhos sobreviventes permaneceram no Presbitério, tendo aulas com o pai e lendo todos os livros que caíssem em suas mãos. *The Remains of Henry Kirke White* podia ser uma recordação preciosa de sua mãe, mas também foi bastante lido e anotado pelos vários membros da família. Assim como todos os livros do Presbitério, era uma fonte de material para suas vidas ricas e criativas.

Escola Cowan Bridge, modelo da Escola Lowood em Jane Eyre.

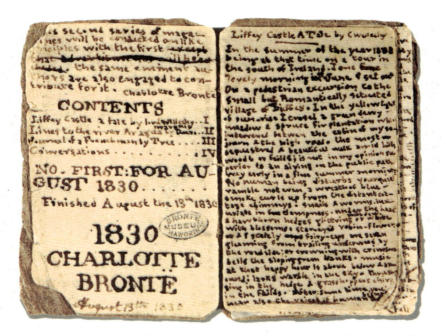

Um dos famosos "livrinhos" produzidos pelos irmãos Brontë durante a infância.

Os irmãos Brontë mergulharam em um mundo imaginário, que se iniciou a partir de um presente dado pelo pai a Branwell: um conjunto de soldados de brinquedo. As crianças começaram a produzir seus livrinhos ilustrados, pequenos o suficiente para os soldadinhos poderem "ler" (mas não os adultos do Presbitério) e parecer que tivessem sido impressos. Com os anos, os irmãos dividiram-se em duplas: de um lado, Charlotte e Branwell, criando o reino imaginário de Angria, enquanto Emily e Anne criaram Gondal, uma ilha no Pacífico Norte. Desenvolver os acontecimentos em Angria e Gondal absorveu os irmãos até a idade adulta, e no caso de Charlotte, Emily e Anne, formou a base de seus sucessos literários posteriores.

As irmãs passaram vários longos períodos na escola da Srta. Wooler em Roe Head, próximo a Mirfield, onde Charlotte conheceu Ellen Nussey, sua amiga de vida inteira. A isso se seguiram breves períodos infelizes trabalhando longe de casa como governantas. Em 1842, Charlotte e Emily viajaram para Bruxelas, para

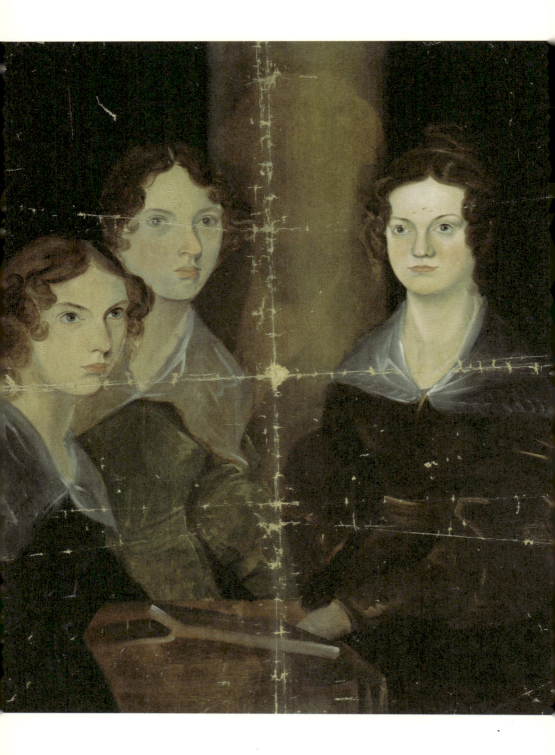

aprimorar o aprendizado de línguas, preparando-se para abrir uma escola. A viagem de estudos foi custeada pela tia (Elizabeth) Branwell, porém, ao saber que a tia adoecera, elas retornaram a Haworth menos de um ano depois. A tia faleceu antes de chegarem em casa, e enquanto Emily ficou no Presbitério trabalhando como governanta, Charlotte retornou a Bruxelas. Finalmente, ela voltou em 1844, sofrendo por causa de um amor não correspondido por seu professor, *Monsieur* Héger. O projeto da escola fracassou por não conseguir nenhuma inscrição de alunos.

Enquanto Emily vivia no ambiente seguro do Presbitério, os irmãos lutavam para encontrar meios para se sustentar. Esse foi o caso do irmão, Branwell, cujas diversas tentativas de ganhar seu sustento terminaram de forma vergonhosa. Embora ainda esperasse se estabelecer como um escritor de sucesso, tudo levava a crer que isso jamais aconteceria.

As irmãs continuaram a escrever e, em 1846, usaram parte da herança da tia Branwell para financiar uma publicação de poemas, ocultando as verdadeiras identidades sob os pseudônimos de Currer, Ellis e Acton Bell. Após a venda de apenas dois exemplares de *Poemas*, cada uma se pôs a criar um romance. A primeira tentativa de Charlotte de publicação foi *O Professor*, rejeitado por várias editoras, e que surgiu postumamente em 1857. Obteve mais sucesso no segundo projeto, *Jane Eyre*, publicado e imediatamente aclamado em outubro de 1847. Dois meses depois, *O Morro dos Ventos Uivantes*, de Emily, e *Agnes Grey*, de Anne, foram publicados por Thomas Cautley Newby. O segundo romance de Anne, *A Moradora de Wildfell Hall*, foi publicado logo depois, em junho de 1848.

Mais tarde no mesmo ano, a tragédia se abateu sobre eles. Branwell morreu em 24 de setembro, após passar meses bebendo demais. A morte de Emily, de tuberculose, seguiu-se em 19 de dezembro, e Anne sucumbiu à mesma doença, em 28 de maio de 1849.

Esquerda: As três irmãs, Anne, Emily e Charlotte, pintadas pelo irmão, Branwell c. 1834.
© National Portrait Gallery, Londres.

A sala de jantar no Brontë Parsonage Museum. As irmãs Brontë trabalhavam aqui, e liam em voz alta, uma de cada vez, andando em torno da mesa.

Charlotte publicou outros dois romances — *Shirley* (1849) e *Villette* (1853). A fama abriu-lhe o caminho para entrar na sociedade literária londrina, mas o luto e o isolamento de sua vida em Haworth a impediram de desfrutar os resultados da fama. Em 1854, casou-se com o pároco auxiliar de seu pai, Arthur Bell Nicholls, mas faleceu logo nos primeiros meses de gravidez, em 31 de março de 1855.

Patrick Brontë permaneceu no Presbitério após a morte dos seis filhos.

Patrick Brontë sobreviveu à mulher e a todos os filhos. Morreu em junho de 1861 e, em outubro do mesmo ano, os livros da família — junto com todos os pertences da casa — foram vendidos em leilão. A venda não foi muito divulgada, e compareceram principalmente os moradores locais. Os títulos e o destino de muitos dos livros vendidos durante os dois dias de pregão continuam desconhecidos. A relação de venda manuscrita, que está no Brontë Parsonage Museum, lista vários lotes com "Livros variados" e "Livros", incluindo o Lote 51, um sortimento desconhecido de publicações, arrematado pelo Reverendo J. H. Wood, ministro batista de Haworth, pela soma de um xelim e três centavos [1s 3d]. Sabemos hoje que o exemplar de *The Remains of Henry Kirke White* dos Brontë fazia parte desse lote.

No final da década, o livro viajou com um novo dono para os Estados Unidos. Foi reencadernado em um só volume, e uma série de cartas registrando sua procedência foi inserida nele, que servem para documentar as inúmeras mãos pelas quais o exemplar passou.

O volume ressurgiu novamente em 2015, depois de ter sido entregue a um vendedor de livros raros estabelecido na Califórnia. Nessa época, o valor — tanto em termos financeiros quanto de pesquisa — foi bastante aumentado pelo acréscimo de dois manuscritos originais, até então desconhecidos, de Charlotte Brontë, inseridos no livro. Eles apresentam visões intrigantes do talento de Charlotte e de seu poder de observação, bem como o seu dom de imaginação. Também fornecem uma nova e importante fonte para mais pesquisas em relação à vida e obra das irmãs Brontë.

Provavelmente, o livro fez sua última viagem, retornando a Haworth depois de ter sido comprado pelo Brontë Parsonage Museum. O imenso significado do livro e seus conteúdos se refletiram no generoso suporte dado para a compra pelo National Heritage Memorial Fund (NHMF), o V&A Purchase Grant Fund e os Amigos das Bibliotecas Nacionais (FNL).

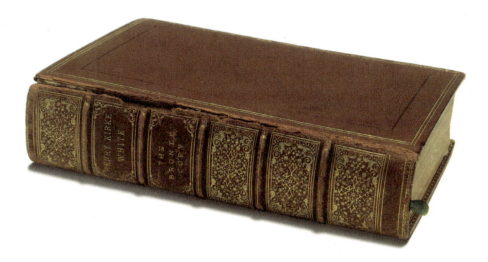

O exemplar de *The Remains of Henry Kirke White* da família Brontë, que retornou ao ponto de partida, ao seu lar original no Presbitério.

A ARQUEOLOGIA DO LIVRO

Barbara Heritage

E ele me disse: 'Filho do homem, porventura viverão estes ossos?' E eu respondi: 'Senhor Deus, tu o sabes.'

Ezequiel 37:3

Muitos livros testemunharam e suportaram fatos extraordinários como parte de suas vidas em coleções particulares, mas, em geral, com o tempo, essas histórias se perdem, são apagadas, negligenciadas ou esquecidas. Este ensaio traça a procedência histórica do inacreditável exemplar da quarta edição de *The Remains of Henry Kirke White* — um livro que pertenceu e foi lido, primeiro, por Maria Brontë, em Penzance, depois quase se perdeu no mar, antes de seguir para Yorkshire, onde foi vorazmente lido e cuidadosamente preservado pela família Brontë.

Ao longo do tempo, o *Remains* foi tratado tanto como uma biografia quanto uma recordação, tornando-se um objeto de estudo bibliofílico e de fascínio, enquanto servia como receptáculo de dois fragmentos anteriormente desconhecidos da juvenília de Charlotte. Com o estudo profundo do *Remains*, recuperou-se a história desse item único, incluindo-se as viagens pela Inglaterra e até o exterior, revelando quantas vidas ele tocou.

Barbara Heritage é a diretora associada e curadora de coleções do Colégio de Livros Raros da Universidade de Virgínia. No momento, está terminando um livro chamado *Charlotte Brontë and the Labor of Writing* [Charlotte Brontë e o Trabalho da Escrita]. Faz parte do Conselho da Sociedade Bibliográfica da América, e é membro do Grolier Club, o mais antigo clube bibliofílico da América do Norte.

Cronologia

1803: É publicado *Clifton Grove*, de Henry Kirke White.

1804: Robert Southey se corresponde com White; Charles Simeon tenta conseguir uma permuta para White frequentar o St. John's College, em Cambridge; White passa um ano se preparando para a universidade e estuda arduamente com um tutor; White adoece.

1805: White entra no St. John's College e se destaca; Patrick Brontë aconselha White em relação a seus gastos pessoais.

1806: Henry Kirke White falece no dormitório em Cambridge, em outubro; Robert Southey recebe os manuscritos de White em dezembro, e começa a organizá-los.

1807: É publicada a primeira edição do *Remains*.

1808: São publicadas a segunda e a terceira edição do *Remains*.

1810: É publicada a quarta edição do *Remains*, cujo exemplar foi comprado, pouco depois, por Maria Branwell, em Penzance.

1812: Maria Branwell se muda para West Riding, Yorkshire, onde conhece Patrick Brontë; eles ficam noivos; Maria pede que lhe enviem seus pertences de Penzance — uma entrega que se atrasa quando o navio *Trader* encalha em 23 de outubro, em Ilfracombe, Devon; Maria e Patrick se casam em dezembro.

1813-1820: Maria Brontë dá à luz Maria, Elizabeth, Charlotte, Branwell, Emily e Anne Brontë.

1821: Maria falece em Haworth de câncer uterino, deixando Patrick e seis filhos.

1825: As filhas Maria e Elizabeth retornam da Escola Cowan Bridge; ambas morrem de tuberculose.

1829: Charlotte Brontë escreve o primeiro manuscrito em prosa de ficção de que se tem conhecimento.

1833: Charlotte rascunha fragmentos de manuscritos em prosa e de poesia sem título, mais tarde incluídos no *Remains*.

1836-37: Charlotte se corresponde com Southey.

1841: Branwell escreve o poema "Lorde Nelson", a partir de "NELSONI. MORS. H. K. WHITE", como publicado no *Remains*.

1847: É publicada a primeira edição de *Jane Eyre*; as primeiras edições de *O Morro dos Ventos Uivantes* e de *Agnes Grey* são publicadas juntas em três volumes.

1848: São publicadas a segunda e a terceira edição de *Jane Eyre*; Branwell morre (aparentemente de tuberculose e complicações por ingestão excessiva de álcool), seguido por Emily, que também morre de tuberculose; publicação de *A Moradora de Wildfell Hall*.

1849: Anne morre de tuberculose; publicação de *Shirley*.

1853: Publicação de *Villette*.

1854: Charlotte se casa com Arthur Bell Nicholls.

1855: Charlotte morre (provavelmente de complicações na gravidez); o Reverendo J. H. Wood envia uma carta de condolências a Nicholls e recebe uma resposta deste, mais tarde incluída no *Remains*.

1857: É publicada a primeira edição de *The Life of Charlotte Brontë*.

1861: Patrick morre em Haworth, em 7 de junho; em 2 de outubro, o *Remains* é posto à venda em leilão junto com os bens da residência de Patrick, e é arrematado por Wood, ministro batista de Haworth.

1861-69: Em algum momento nesse período, Wood faz uma dedicatória no *Remains* e dá o livro ao Reverendo Edwin Paxton Hood.

1869: Hood envia o *Remains*, bem como a Bíblia usada por Charlotte e um exemplar do *Medulla Historiae Anglicanae*[1] anotada por Jonathan Swift,[2] para o Reverendo Thomas Binney, para que fosse remetido ao Reverendo William Buell Sprague, nos Estados Unidos.

1869-70: Sprague recebe o *Remains*, a Bíblia de Charlotte e o *Medulla Historiae Anglicanae*.

1876: Morre William Buell Sprague.

1878: O exemplar do *Remains* é leiloado em maio na cidade de Nova York pela Bangs & Company como parte da "porção final" da venda da vasta coleção de Sprague; provavelmente foi adquirido por John A. Spoor.

1878-1915: O Juiz Joseph F. Daly adquire o *Remains* de Spoor em algum momento nesse período.

1916: Morre o Juiz Joseph F. Daly; o *Remains* é leiloado na cidade de Nova York pela Anderson Galleries como parte da venda de Daly, e é comprado por Mary McMillin Norton.

1918: O *Remains* é leiloado mais uma vez na cidade de Nova York pela Anderson Galleries como parte da venda de Mary McMillin Norton; o exemplar do *Remains* é comprado por uma família que o mantém em sua coleção até 2015.

2016: O Brontë Parsonage Museum adquire o *Remains*.

---

[1] *Medulla Historiae Anglicanae: O passado e o presente da Inglaterra — Compêndio histórico de todos os seus monarcas desde a invasão de Júlio César aos dias de hoje*, de William Howell (1631/2-1683), publicado pela 1ª vez em 1659. (N. da T.)

[2] Jonathan Swift (1667-1745), escritor anglo-irlandês, panfletário, poeta e clérigo, depois reitor da Catedral de São Patrício, em Dublin, porém mais conhecido como o autor de *As Viagens de Gulliver*. (N. da T.)

Estamos habituados a ler livros por seu conteúdo impresso, escritos por autores vivos ou mortos — e por vezes mortos há muito tempo. Como aquela "lápide de mármore cinza" descrita em *Jane Eyre*, marcando o túmulo de Helen Burns, com a inscrição "Resurgam",[1] os livros dão aos autores a chance de retornar e falar diretamente a novas gerações de leitores. Livros sobrevivem, em alguns casos, a guerras, naufrágios, incêndios e inundações. Eles não desaparecem em um estalar de dedos. Sua presença física indelével faz parte de seu poder. Mesmo que deixemos de existir, os livros sobrevivem, as encadernações, os papéis, as tipografias e as ilustrações permanecem intactos, assim preservando e carregando não apenas as palavras dos autores, mas também as suas antigas histórias.

De fato, os livros impressos são uma das ligações mais importantes com o passado. Depois das moedas, os livros talvez sejam os artefatos históricos sobreviventes mais prevalentes. Mas, diferente das moedas, os livros impressos servem como tabuletas e receptáculos, trazendo não só as palavras de seus autores e a prova de sua fabricação, como também as várias marcas de uso deixadas pelos seus antigos leitores e donos: inscrições, palavras apagadas, anotações feitas à margem, rabiscos, marcações, páginas dobradas, e acréscimos externos, como marcadores, fotos ou plantas prensadas; também podem apresentar omissões, como folhas ou imagens faltando. Esses traços físicos sobrevivem para serem encontrados por futuros leitores, criando uma ligação tangível adicional com o passado.

Desse modo, os livros parecem sítios arqueológicos: as alterações realizadas por várias mãos são como camadas de depósitos — os estratos deixando ainda outra camada de resíduos históricos com as atividades dos leitores e donos atuais. Os livros não tratam *apenas* de história: eles constituem e incorporam o próprio registro histórico vivo. É precisamente porque os livros têm esse poder de encapsular o passado que servem como lembrança da efemeridade do presente. Todo "livro velho" é um *memento mori*,[2] que sobrevive a seus antigos donos,

---

[1] "De novo". (N. da T.)
[2] Expressão latina que significa "Lembre-se da morte". (N. da T.)

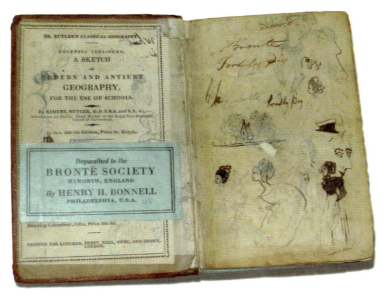

Os irmãos Brontë desenharam em seu exemplar do *Grammar of General Geography*, de Goldsmith.

lembrando-nos de que somos apenas os curadores temporários da história que seguramos nas mãos.

Os Brontë eram sensíveis a essas ressonâncias históricas. Os muitos livros que possuíam e liam, e onde faziam anotações, eram antigos e usados, principalmente devido à modesta renda de Patrick Brontë de cento e setenta libras[3] anuais como pároco perpétuo e ministro oficiante na Igreja de São Miguel e Todos os Anjos em Haworth, que lhe permitia muito pouco dinheiro de sobra para comprar livros novos. Livros de segunda ou terceira mão, em geral vendidos a preços módicos, estavam mais de acordo com os gastos de um homem na condição de Patrick. Ao mesmo tempo, as histórias desses antigos volumes eram palpáveis para os irmãos Brontë, como vemos na seguinte anotação de diário feita por Charlotte em março de 1829:

> *Certa vez papai emprestou à minha irmã Maria um livro antigo de geografia e ela escreveu na folha de rosto em branco papai me emprestou este livro. O livro tem cento e vinte anos; está agora na minha frente enquanto escrevo isto.*[4]

---

3 Juliet Barker, *The Brontës* (Londres, Weidenfeld e Nicolson, 1994), p. 105.
4 MS Bonnell80(11), Brontë Parsonage Museum, Haworth, Inglaterra.

Charlotte tinha apenas doze anos quando escreveu essa observação, copiando a anotação da irmã mais velha. Maria morrera de tuberculose pulmonar apenas quatro anos antes, aos onze. Embora Maria estivesse morta, sua caligrafia sobreviveu para Charlotte descobri-la. O antigo livro em questão continha assim mais do que uma aula de geografia — trazia também um remanescente da própria Maria. A irmã ainda voltaria, na forma de outro livro — escrito por Charlotte —, pois serviu de modelo para Helen Burns, personagem de *Jane Eyre*.

Como o ouroboros — a serpente que morde a própria cauda —, retornamos ao ponto de partida: a um exemplar especial de *The Remains of Henry Kirke White*, publicado em 1810 e trazido para o seio da família por Maria Brontë, mulher de Patrick Brontë e mãe de seus filhos. Este livro, publicado para registrar a morte prematura de um jovem poeta inglês, não apenas sobreviveu à quase destruição ao ser salvo de um navio encalhado; também serviria como uma espécie de relicário para os escritos da família Brontë. Como uma urna, passou a conter inscrições de Patrick Brontë, anotações nas margens feitas pelos filhos, folhas inseridas com o manuscrito juvenil de Charlotte, uma carta em papel timbrado de luto do viúvo de Charlotte, Arthur Bell Nicholls, bem como inúmeras anotações e materiais inseridos posteriormente pelos colecionadores de livros que tiveram este volume.

Um artefato tão complexo quanto o exemplar do *Remains* dos Brontë requer uma interpretação meticulosa e uma análise física. Primeiro, quem colocou os fragmentos dos manuscritos de Charlotte e a carta de Arthur Bell Nicholls dentro do *Remains*? Os manuscritos foram guardados por Patrick Brontë, ou foram adquiridos por um colecionador que mais tarde os colocou no livro? Por que o *Remains* foi escolhido como receptáculo dos fragmentos de Charlotte? O tema do livro — os escritos e a morte prematura de Henry Kirke White — se relaciona de alguma forma com os assuntos dos manuscritos de Charlotte? Por que este livro atraiu tantos colecionadores que quiseram alterá-lo ou expandir sua história?

Hoje, se o leitor visitar o Brontë Parsonage Museum em Haworth, verá que o exemplar de *The Remains of Henry Kirke White, of*

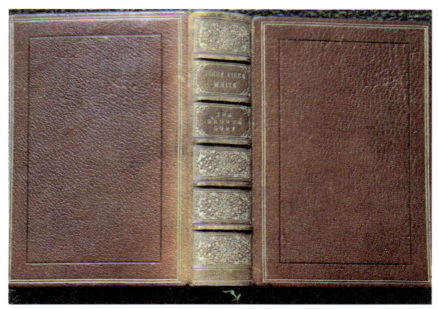

O exemplar de *The Remains of Henry Kirke White* da família Brontë.

A ARQUEOLOGIA DO LIVRO

Nottingham, Late of St. John's College, Cambridge; with an Account of his Life [Os remanescentes de Henry Kirke White, de Nottingham, falecido no St. John's College, Cambridge; com um relato sobre sua vida] está repleto de manuscritos inseridos, bem como notas, anotações nas margens, observações e recortes que foram acrescentados ao livro ao longo de duzentos anos. O livro está encadernado com pele de cabra granulada (em geral, mesmo inexato, descrito pelo vendedor como "couro marroquino") de cor caramelo escuro. A primeira e a última capa estão igualmente decoradas com uma borda retangular simples, feita à mão, sem ouro, com uma borda retangular dupla de linhas paralelas estampadas a ouro. Na lombada, ricamente estampada a ouro, com estrelas, arabescos e outros desenhos, também está escrito em letras douradas:

HENRY KIRKE / WHITE / THE / BRONTË / COPY

O livro é visivelmente um exemplar de colecionador — um troféu, um achado — montado para ser exibido.

Para começar, temos que ver o *Remains* como Maria Branwell o leu pela primeira vez em 1810, antes de seu casamento com Patrick e antes do nascimento dos seus filhos notáveis. O livro, em dois volumes ilustrados, foi lindamente impresso em papel com marca d'água. Um anúncio do livro, na época, dizia:

> *Foi publicada, no dia de hoje, uma nova edição, em dois vols., 8vo [octavo], com uma elegante ilustração do Rosto do Autor e outras imagens, preço 14 xelins, encapado.*
>
> **THE REMAINS OF HENRY KIRKE WHITE, de Nottingham, falecido no St. John's College, Cambridge; com um relato sobre sua Vida, por ROBT. SOUTHEY.**
>
> *Impresso para Vernor, Good e Sharpe; Longman, Hurst, Rees e Orme, Londres; J. Deighton, T. Barrett e J. Nicholson, Cambridge; e vendido por Stevenson, Matchett e Stevenson, e todos os demais livreiros de Norwich e Norfolk.*[5]

---

5 *The Norfolk Chronicle* e *Norwich Gazette* (Norwich, Inglaterra), sábado, 17 de fevereiro de 1810; p. 1; 2.082 exemplares.

Em 1810, os volumes do *Remains* eram vendidos a catorze xelins — um preço real equivalente a quarenta e cinco libras em 2018.[6] Maria foi criada em uma família de classe média próspera, que vivia em Penzance, Cornualha, com dinheiro para comprar esses produtos. O pai de Maria falecera em 1808, deixando para ela uma renda vitalícia de cinquenta libras por ano.[7] Quando foram vendidos pela primeira vez, os dois volumes provavelmente tinham capas simples com lombadas de papel, com etiquetas impressas e laterais de papel recobrindo uma capa de cartão fino, uma encadernação típica da época para livros novos desse tipo. Depois de comprá-los, os donos poderiam encaderná-los de modo mais permanente, em geral, com pele de ovelha, bezerro ou cabra, por um custo adicional. Mas é bem possível, por motivos que serão apresentados depois, que Maria tenha mantido o exemplar do *Remains* como foi vendido: com as laterais originais de cartão fino recoberto com papel.

Nesse ano, *The Remains of Henry Kirke White* já estava na quarta edição. O livro fora inicialmente publicado em 1807 — apenas um ano após a morte de White, de tuberculose, aos vinte e um anos — por um grupo de editores e livreiros empreendedores. A editora de Vernor, Hood e Sharpe, localizada em Londres, se especializava em publicar textos baratos com ilustrações, como gravuras e mapas. Foram os responsáveis pelo frontispício e as gravuras atraentes do livro, que incluía, na folha de rosto, um retrato pontilhado de White, aos vinte e um anos, feito por Samuel Freeman, com base em uma pintura de Thomas Barber, de Nottingham. Alguns anos antes da publicação do *Remains*, Vernor e Hood haviam publicado os primeiros escritos de White no *The Monthly Mirror*, bem como o seu primeiro e único livro, *Clifton Grove, A Sketch in Verse, with Other Poems* [Clifton Grove, Um Esboço em Versos e Outros Poemas] (1803), cujo texto foi incluído no *Remains*.

A publicação conjunta responsável pela edição de 1807 incluiu a editora londrina de Longman, Hurst, Rees e Orme, uma antiga

---

[6] Lawrence H. Officer e Samuel H. Williamson. "Five Ways to Compute the Relative Value of a UK Pound Amount, 1270 do Present", Measuring Worth, 2018.

[7] Juliet Barker, *The Brontës* (Londres: Weidenfeld and Nicolson, 1994), pp. 50-51.

editora conhecida por publicar as obras de vários poetas românticos de destaque, incluindo Robert Southey (que, com a ajuda da família de White, forneceu um relato biográfico sobre o autor para o livro), bem como William Wordsworth, Samuel Taylor Coleridge e Sir Walter Scott. Além disso, o projeto foi financiado por J. Dighton, T. Barrett e J. Nicholson, livreiros de Cambridge, por motivos óbvios, dados os estudos e as relações de White no St. John's College. Foi distribuído pelos livreiros e impressores W. Dunn e S. Trupman, sediados em Nottingham, cidade natal de Henry Kirke White. Em 1810, a editora londrina de Taylor e Hessey também entrou na empreitada.

O envolvimento de Robert Southey foi primordial para a publicação dos *Remains*. Embora os primeiros textos de White tivessem chamado alguma atenção favorável, o livro *Clifton Grove* recebeu uma crítica negativa no *The Monthly Review* logo após a primeira edição em 1803. Em uma resenha não assinada, o contrariado ministro e jornalista, Christopher Lake Moody, criticou a obra de White da seguinte forma:

> *Como um livro que quer "abrir o caminho" com base em seus próprios méritos, este poema não pode ser contemplado com grandes expectativas (...) são elogiáveis e louváveis os esforços que o autor empreendeu para se destacar: mas não podemos elogiá-lo por já ter aprendido a difícil arte de escrever boa poesia.*[8]

Profundamente desencorajado por esta crítica, White enviou uma carta de reclamação ao editor do *The Monthly Review*, que manteve a opinião anônima de Moody. De fato, o jornal sustentou essa posição mesmo depois de o *Remains* ter sido publicado e recebido aclamação geral.

Ao ler essa resenha negativa, Southey escreveu para White para encorajá-lo e aconselhá-lo. Os dois se corresponderam por um breve período, até perderem contato, quando Southey descobriu que White estava recebendo ajuda do influente ministro evangélico Charles Simeon. Como Southey escreveu a um amigo: "Percebi claramente que

---

[8] Christopher Lake Moody. "Review of Clifton Grove", *The Monthly Review* 43 (fevereiro de 1804): p. 218.

O poeta, Henry Kirke White, tinha apenas vinte e um anos quando faleceu.

os evangélicos haviam se apoderado dele".[9] Simeon decidiu patrocinar White, permitindo que conseguisse uma permuta para cursar o St. John's College, em Cambridge. Na universidade, o ambicioso White, cuja saúde sempre fora frágil, ficou sobrecarregado com o excesso de trabalho e adoeceu. Morreu de tuberculose em Cambridge, logo depois de iniciar os estudos.

Southey recebeu uma carta da família de White informando-o da morte do poeta, à qual respondeu, perguntando se a família tinha

---

[9] *The Life and Correspondence of the Late Robert Southey*, ed. Rev. Charles Cuthbert Southey, vol. 3 de 6 (Londres: Longman, Brown, Green e Longmans, 1850), p. 92.

intenção de publicar algumas das obras que White havia deixado, e se gostariam que ele os ajudasse a publicá-las. A família respondeu, confiando a Southey um enorme pacote com inúmeros poemas, cartas, fragmentos, textos em prosa e reflexões, algumas contendo referências às práticas calvinistas e metodistas, a maioria influenciada pelo cristianismo evangélico fervoroso de White. Como Southey relatou a um amigo:

> *Recebi uma caixa abarrotada, cuja visão fez meu coração literalmente doer e meus olhos se encherem de lágrimas por nunca ter visto tantas provas de trabalho humano. Para resumir, debrucei-me sobre o material, separei as cartas, e tenho-o feito, empenhando mais tempo do que alguém como eu pode despender, pelo que a família dele se sente muito agradecida; e pelo que penso que o mundo também me agradecerá. (...) Entre as cartas, há muita referência ao Metodismo: se isso aumentar a procura e a venda do livro entre os metodistas, como bem pode acontecer, ficarei contente por conta da família, pela qual me interesso sobremaneira.*[10]

Southey organizou os manuscritos sem receber nenhum pagamento por isso, e preparou uma apresentação sobre a vida de White para acompanhá-los.

Também acrescentou um comentário sobre como havia recebido esses papéis para a edição do *Remains*, lembrando:

> *O Sr. Coleridge estava presente quando eu os abri, e ficou, tanto quanto eu, boquiaberto e atônito com a quantidade de textos que encontramos (...) Havia inúmeros poemas: entre os mais antigos, encontrei um soneto dedicado a mim, muito antes da breve correspondência que mantivemos entre nós. Mal sabia ele quando o escreveu em que momento este viria a cair em minhas mãos.*[11]

Essas trágicas circunstâncias — bem como o fato de Southey ter encontrado posteriormente o poema que White escrevera para ele — apenas aumentou a popularidade do *Remains*.

---

10 *The Life and Correspondence of the Late Robert Southey*, ed. Rev. Charles Cuthbert Southey, vol. 3 de 6 (Londres: Longman, Brown, Green e Longmans, 1850), pp. 92-93.

11 *Remains*, 4ª edição, pp. 52-53.

Robert Southey foi um poeta de sucesso, e acreditava que a obra de Kirke White deveria ser celebrada.

Retrato de Southey, de Robert Hancock, giz preto, vermelho e marrom e lápis, 1796.
© National Portrait Gallery, Londres

Em 1813, Southey foi nomeado poeta laureado. Quando o *Remains* foi publicado pela primeira vez em 1807, no entanto, Southey [aos trinta e três anos][12] já era um poeta bem conceituado, bem como crítico literário, historiador, jornalista, editor e tradutor

12 Robert Southey (1774-1843). (N. da T.)

reconhecido. Em 1803, ele e Joseph Cottle organizaram uma seleção de poemas de Thomas Chatterton, um autor precoce que se suicidara aos dezessete anos, e logo depois foi celebrado em poemas por John Keats, Percy Bysshe Shelley, William Wordsworth e Samuel Taylor Coleridge. No *Remains*, Southey traçou um paralelo direto entre os dois jovens, assegurando:

> *Conferi todos os manuscritos de Chatterton, e causam menos maravilhamento do que estes (...) Muito foi suprimido que, se Henry fosse, como Chatterton, de outra geração, eu teria publicado, e o mundo o teria graciosamente recebido; mas ao homenagear os mortos, tenho tido o máximo de escrúpulo de nunca esquecer os vivos.*[13]

De fato, White devia conhecer a edição de Southey sobre a obra de Chatterton; antes, aos quinze anos, White dera uma palestra sobre a genialidade de Chatterton na Sociedade Literária de Nottingham.[14] Em carta ao irmão de White, Southey deixou as ambições editoriais claras. Referindo-se a outros rapazes que tinham a mesma "estrada ascendente a ser percorrida", Southey escreveu que "[Henry] significará para eles o que Chatterton significou para White, e este será um exemplo melhor e mais puro".[15]

Os poemas e textos de White — cuidadosamente apresentados por Southey dentro do contexto da luta ambiciosa de White para atingir o sucesso literário, sua vida religiosa e a morte prematura — criava uma empatia com os leitores do início do século XIX. Como um dos críticos do *Remains* destacou, o apelo melancólico da poesia de White provocava um "imenso prazer",[16] como o causado pelo seguinte trecho em que White antevê a própria morte no Cemitério de Wilford:[17]

---

13 *Remains*, 4ª edição, pp. 54.

14 Terry Fry, "Henry Kirke White: Poet and Hymn Writer, 1785-1806". *Articles from the Thoroton Society Newsletter*, acessado em 11/01/2018: http://www.thorotonsociety.org.uk/publications/articles/kirkewhite.htm. Southey descreve a palestra nas pp. 11 e 12 da edição de 1810, mas não menciona o nome de Chatterton.

15 *The Life and Correspondence of the Late Robert Southey*, ed. rev. Charles Cuthbert Southey, vol. 3 de 6 (Londres: Longman, Brown, Green e Longmans, 1850), p. 61.

16 *The Monthly Mirror* (março de 1809), pp. 149-155.

17 "Ode on Disappointment", p. 35. (N. da T.)

Não deixarei meu corpo ser cimentado
Com pedras e tijolos, afastando os pobres vermes
De seu devido destino; não, deitarei
Ao pé da colina, junto à grama alta,
Envolto em vime, como os dormentes.
Embora meu túmulo não deva ser comum;
Mas ali à noite pode uma boa alma
Desesperar-se, e verter uma lágrima sentida,
Como uma gota de bálsamo — nada mais eu peço.

O fato de o mesmo poema trazer a epígrafe, "Depois de me recuperar de uma doença", apenas aumentava a qualidade profética do poema de White e, diante de sua morte, fez com que os leitores considerassem a obra como autobiográfica.

Os poemas de White eram de fato prolépticos[18] [ou premonitórios], para não dizer prescientes, como se sua vida e morte seguissem um padrão semelhante ao de Chatterton. Como outro crítico do *Remains* apontou:

No Templo da Fama, como no Elísio de Virgílio, um lugar especial deve ser consagrado às vítimas de destinos prematuros.

White era um tipo — um desses "*infantum animae* (...) arrebatado do mundo em *in limine primo*".[19]

O mesmo crítico acrescentou:

(...) cenas de cemitérios e bosques de ciprestes à terrível hora da meia-noite, silêncio, escuridão, solidão, contemplação e egoísmo, com uma melancolia avassaladora, e rápida aproximação da morte — é o trem fúnebre que caminha em triste procissão em torno da insônia do bardo sentimental.[20]

Se a vida e a arte não tivessem se misturado tão intimamente, realçando o sabor dos poemas de White, seus textos (insinuou o mesmo crítico) não teriam sido tão relembrados.

---

18 Diz-se de um fato que se fixa segundo um método cronológico ainda desconhecido quando o fato ocorreu. (N. da T.)
19 *The Monthly Review* ou *Literary Journal, Enlarged* 61 (janeiro de 1810): p. 71.
20 *The Monthly Review*, p. 73.

Ainda havia outro componente vital do *Remains* que justificava as várias edições e a crescente popularidade entre os leitores: uma coleção cada vez maior de "versos afluentes" fornecidos por uma lista cada vez mais longa de admiradores apareceu nas edições subsequentes do *Remains* junto com o esboço biográfico de Southey e os poemas de White. O frontispício com a litografia — que apresentava uma urna flamejante com a legenda SEU MONUMENTO SERÁ APENAS SEU NOME — aumentava a ideia de que o livro fosse um tributo vivo, como a citação adicional tirada de "Epitáfio a um querido amigo",[21] de Byron, gravado em letras finas sob a vinheta:

> *Nenhum mármore marca teu leito de sono humilde,/ Mas veem-se ali estátuas vivas a prantear;/ O rosto da aflição se inclina, não sobre teu túmulo,/ A aflição deplora tua desgraça, ainda tão jovem.*

Essa qualidade biográfica do *Remains* tornou o livro uma publicação viva: porque cada uma das edições anteriores trazia outras dedicatórias literárias enviadas por novos colaboradores. A primeira edição de 1807 tinha dez poemas tributários escritos por amigos e conhecidos, incluindo Capel Lofft (que aparece como "C. L."), advogado graduado em Cambridge e figura política menor, bem como o Reverendo James Plumptre, reitor de Great Gransden, Cambridgeshire. Apenas dois dos poemas adicionais foram dados a White em vida — principalmente enaltecendo seus poemas publicados; o restante eram louvores em homenagens póstumas.

Uma parte desses poemas afluentes contém subtítulos curtos e epígrafes sugestivas sobre a procedência. Por exemplo, um poema está intitulado da seguinte forma:

ESCRITO EM HOMENAGEM AO SR. H. KIRKE WHITE. *Presenteado a mim pelo seu irmão, J. Neville White.*

Outro poema diz no título:

ESTROFES. *Supostamente escritas diante do túmulo de H. K. White.* POR UMA DAMA.

---

21 "Epitaph on a Beloved Friend" (1803), in *Hours of Idleness*, 1807. (N. da T.)

Tais anotações destacavam a origem de cada poema como verdadeiros objetos ou documentos, aumentando a impressão de que o *Remains* fosse tanto uma coleção quanto uma relíquia.

A segunda edição do *Remains*, publicada em 1808, incluiu sete poemas tributários adicionais. Outro poema laudatório foi acrescentado na terceira edição (também publicada em 1808):

> *À memória de Henry Kirke White, pelo Reverendo W. B. Collyer.*

E ainda mais sete poemas elegíacos foram acrescentados na quarta edição de 1810. Nessa época, os poemas tributários haviam se multiplicado — a ponto de que o último texto de colaborador entregue para a quarta edição, escrito por uma Sra. M. Hay, anunciava explicitamente que o poema fora escrito em resposta à leitura do próprio *Remains*:

> VERSOS. *Escritos após a leitura de The Remains of Henry Kirke White, de Nottingham, falecido no St. John's College, Cambridge; com um Relato sobre sua vida, por Robert Southey, Esq.*

Talvez, seguindo os passos do culto à sensibilidade do final do século XVIII, fosse apropriado aos poemas autorreflexivos de White atrair manifestações sentimentais de pesar. O *Remains* não era apenas uma biografia, mas também um tipo de espelho, no qual os leitores podiam ver a si mesmos, e talvez se sentirem descritos nos textos. Porque, para os leitores de White, ler, prantear o luto e escrever eram ações diretamente interligadas. E, como Southey havia previsto, muitos leitores de White eram metodistas, cujas condolências pelo poeta foram exacerbadas pela natureza virtuosa de sua poesia.

Muito poucos poemas tributários escritos pelos pranteadores e admiradores de White poderiam ser considerados obras literárias propriamente ditas. Em 1811, Byron acrescentaria a mais admirável dedicatória na forma de um trecho tirado de seu poema satírico "Bardos Ingleses e Críticos Escoceses". Nesse trecho, Byron brinca com a associação entre a escrita e as plumas usadas para escrever. Henry é comparado a uma águia atingida no coração por um "dardo

THE
REMAINS
OF
HENRY KIRKE WHITE,
OF NOTTINGHAM,

LATE OF ST. JOHN'S COLLEGE, CAMBRIDGE;

With an Account of his

LIFE,

BY ROBERT SOUTHEY.

IN TWO VOLUMES.

VOL. I.

FOURTH EDITION, CORRECTED.

LONDON:

PRINTED FOR VERNOR, HOOD, AND SHARPE; LONGMAN, HURST, REES, AND ORME; TAYLOR AND HESSEY; J. DEIGHTON, T. BARRETT, AND J. NICHOLSON, CAMBRIDGE; AND W. DUNN, AND S. TUPMAN, NOTTINGHAM;

At the Union Printing-Office, St. John's Square, by W. Wilson.

1810.

fatal", mas não antes de perceber que o dardo está adornado e impulsionado por sua própria "pena":

Agudas eram suas dores, mas ele sentiu muito mais
Que segurara a pena que impelira o aço,
Enquanto a mesma pluma que aquecera seu ninho
Sugava a última gota de vida de seu peito exangue.[22]

Assim, o poeta foi morto por sua própria caneta.

O EXEMPLAR DE MARIA BRONTË

À parte da contribuição de Byron em 1811, assim era o livro que Maria Branwell comprou em torno dos vinte e sete anos. É bem possível que tenha sido incentivada a lê-lo.

Em 1810, Penzance possuía uma biblioteca circulante, bem como o Clube do Livro das Senhoras de Penzance, criado em 1770 (precedendo o Clube do Livro dos Cavalheiros de Penzance, fundado pouco depois).[23] As senhoras do clube liam uma "variedade cuidadosamente selecionada" de livros de poesia e romances, bem como de histórias, biografias, narrativas de viagem e coisas do gênero.[24] O fato de que tantos poemas tributários que aparecem no *Remains* tenham sido escritos por "senhoras" leitoras sugere que o livro foi muito lido por mulheres de boa educação, como as de Penzance, talvez especialmente entre as metodistas. Provavelmente este foi o caso, porque membros da família Branwell eram metodistas wesleyanos convictos. (Em 1814, a família contribuiria com fundos substanciosos para a construção da primeira capela metodista de Penzance.[25]) Os tex-

---

[22] *Remains*, 5ª edição, vol. 1 de 2 (Londres: Vernor, Hood e Sharpe; Longman, Hurst, Rees, Orme e Brown; e Taylor e Hessey), p. 310.
[23] J. S. Courtney, *A Guide to Penzance and Its Neighborhood* (Penzance: E. Rowe; também Londres: Longman, Brown, Green e Longman), p. 37.
[24] Catherine Ingrassia, ed. *The Cambridge Companion to Women's Writing in Britain, 1660-1789* (Cambridge: Cambridge University Press, 2016), p. 27.
[25] *The Oxford Companion to the Brontës*, p. 58.

À esquerda: frontispício do exemplar do *Remains* da família Brontë.

Pintura em aquarela da casa onde Maria Branwell cresceu em Penzance.

tos de White escritos com inspiração evangélica devem ter caído no gosto pessoal de Maria. Como um crítico da *The Anti-Jacobin Review* observou em 1809, o *Remains* descrevia a "convicção pessoal" de White sobre "a verdadeira religião". Embora para alguns leitores no *Remains* pudesse "parecer difícil saborear o que se denomina metodismo", para outros, os poemas serviam como um "testemunho reluzente da triunfante superioridade da religião pura".[26]

---

26 *The Anti-Jacobin Review and Magazine* ou *Monthly Political and Literary Censor* 32, no. 130 (abril 1809), 352-57: p. 353.

Maria e seu exemplar do *Remains*, no entanto, não residiriam por muito mais tempo em Penzance. Depois da morte do tio em 1812, Maria se mudou para morar em West Riding, Yorkshire, com a tia Jane, esposa do Reverendo John Fennell, e trabalhar em Woodhouse Grove, um internato para filhos de ministros metodistas, onde Fennell era o diretor.[27] Após sua chegada, Maria conheceu Patrick Brontë. Logo ficaram noivos e, ao se preparar para o casamento, Maria pediu que lhe fossem enviados os últimos livros e peças de roupa que haviam permanecido em Penzance.

Em uma caixa junto com outros pertences de Maria, o *Remains* iniciou a viagem subindo o litoral da Inglaterra em um navio que não naufragou, como se costuma relatar, mas bateu na costa de Devonshire.[28] O *Remains* deve ter sido transportado a bordo do *Trader*, que encalhou no dia 23 de outubro em Ilfracombe, Devon, durante o trajeto de Penzance, Cornualha, a Bristol, Gloucestershire.[29] Como Maria depois relatou por carta a Patrick:

> (...) *a caixa se espatifou com a violência do mar e todos os meus parcos bens, com exceção de muito poucos itens, foram tragados pelas profundezas.*[30]

Embora o *Remains* não apresente nenhum dano aparente de ter sido molhado pelo mar, os exemplares de *The Lady's Magazine* que pertenceram a Maria, foram mais tarde descritos por Charlotte como se tivessem sido "desbotados em salmoura".[31]

Agora entregues a Maria em segurança, o *Remains* se mudou com ela e Patrick de Hartshead, onde Patrick era o pároco, para Thornton, e depois finalmente para Haworth. Durante esse período, entre 1813 e 1820, Maria deu à luz seis filhos — Maria, Elizabeth, Charlotte, Branwell, Emily e Anne —, antes de morrer em Haworth, em 1821, provavelmente de câncer uterino.[32]

---

27 Juliet Barker, *The Brontës* (Londres: Weidenfeld e Nicolson, 1994), p. 51.
28 Em sua carta para Patrick, Maria descreve "o navio (...) encalhou no litoral de Devonshire". Veja a carta de Maria Branwell para Patrick Brontë, de 18/11/1812; citada em Barker, p. 55.
29 "Lloyd's Marine List — Oct. 27, 1812". *Caledonian Mercury*. 31 de outubro de 1812.
30 Veja a carta de Maria Branwell para Patrick Brontë, de 18 de novembro de 1812; citada em Barker, p. 55.
31 Charlotte Brontë. *The Letters of Charlotte Brontë*, ed. Margaret Smith, vol. 1: 1829-1847 (Oxford: Clarendon Press, 1995), p. 240.
32 *The Oxford Companion to the Brontës*, p. 63.

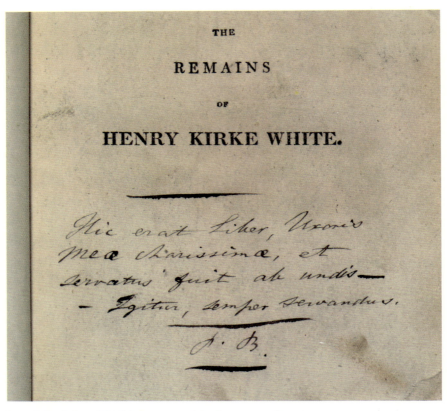

Inscrição de Patrick, feita em memória de sua amada esposa.

UMA RECORDAÇÃO FAMILIAR

Um dia após a morte de Maria, Patrick fez a seguinte inscrição com tinta marrom na folha de rosto do primeiro volume do *Remains*:

*Hic erat Liber, Uxonis
mea charissimae, et
servatus fuit ab undis —
— Igitur, semper servandus.*

P. B.

Traduzido do latim, a inscrição de Patrick quer dizer:

Este livro pertenceu à minha amada esposa, e foi salvo das águas — portanto, deverá ser sempre preservado.

Esta inscrição era perfeita para homenagear a esposa, Maria, mesmo que o *Remains* homenageasse White. A escolha do latim enfatizava ainda mais a durabilidade e a qualidade de epitáfio da inscrição.

O segundo volume do exemplar do *Remains* dos Brontë traz uma inscrição semelhante, com a caligrafia de Patrick na folha de rosto, mas aqui é possível ver que parte da inscrição está cortada onde o volume foi refilado ao ser feita uma encadernação. Isto sugere dois pontos importantes: primeiro, que Patrick e Maria leram o livro em dois volumes, daí existirem duas inscrições, que não seriam necessárias se tivessem sido encadernados juntos após a compra em 1810; segundo, Patrick temia que os volumes fossem descartados inadvertidamente após sua morte. Na época em que os volumes pertenceram a Patrick, talvez aparentassem excesso de manuseio. De fato, uma fonte, não inteiramente confiável, alega que os livros estavam "sem capa" quando Patrick morreu.[33] Se os volumes tivessem sido

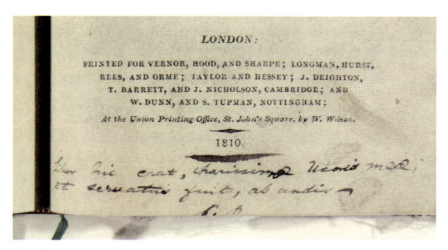

A inscrição foi repetida no segundo volume.

33 Charles Bruce, ed. *The Book of Noble Englishwomen* (Londres e Edimburgo: William P. Nimmo, 1875), p. 386. N.B. O mesmo relato registra equivocadamente que Patrick Brontë "pegou" o *Remains* de um naufrágio no litoral de Yorkshire.

mantidos em suas encadernações originais com as capas de cartão, certamente teriam se desmantelado devido ao uso excessivo.

Embora Patrick tenha preservado carinhosamente o exemplar do *Remains* que pertencera a Maria, não teve o mesmo cuidado com as outras publicações que foram da esposa. Em carta para Hartley Coleridge, Charlotte descreve como, na juventude, ela "folheara" as "imagens antiquadas" de *The Lady's Magazine* — exemplares que ela sabia que haviam pertencido à tia ou à mãe — "como um deleite furtivo em um feriado à tarde". Esse prazer foi encerrado abruptamente em um "dia negro" quando o pai "queimou-as por conterem tolas histórias de amor".[34]

O ato, mesmo severo, estava de acordo com os rígidos princípios religiosos de Patrick. Em seu conto evangélico, "The Cottage in the Wood" [A Cabana na Floresta], Patrick prevenia os leitores contra o "romancista sensual" e o "escritor romântico":

> *O romancista sensual e seu admirador são seres com apetites depravados e imaginações doentias, que, ao aprender a arte de se autoatormentar, empenham-se diligente e zelosamente em criar um mundo imaginário, que nunca poderão habitar, apenas para tornar o mundo real, com o qual têm necessariamente de se relacionar, sombrio e insuportável (...) O escritor romântico, ultrapassando os limites das probabilidades, permite-se saciar livremente no campo do miraculoso.*[35]

A preocupação de Patrick com o bem-estar espiritual da filha deve ter pesado mais do que o apego sentimental às revistas que haviam pertencido à falecida esposa.

Por outro lado, Patrick aprovava abertamente o conteúdo do *Remains*. Patrick teve contato pessoal direto com White durante o breve período em que estudaram juntos em Cambridge. Como White, Patrick vinha de uma família pobre, e frequentou o St. John's College como *sizar* [permutante], chegando em 1802, apenas três anos antes

---

[34] Charlotte Brontë, *The Letters of Charlotte Brontë*, ed. Margaret Smith, vol. 1: 1829-1847 (Oxford: Clarendon Press, 1995): p. 240.

[35] Brontë, Patrick. *The Cottage in the Wood; or the Art of Becoming Rich and Happy*. 2ª edição (Bradford: Impresso à ordem e vendido por T. Inkersley, 1818), p. 3-4.

Patrick Brontë e Henry Kirke White estudaram na mesma época no St. John's College, Cambridge.

Gravura de William Westall, 1815, reproduzida com permissão do Master & Fellows do St. John's College, Cambridge.

de White iniciar os estudos em 1805. Semelhante a White, Patrick pôde frequentar Cambridge graças ao bom cargo de um ministro protestante com fortes ligações evangélicas,[36] e ambos eram seguidores ardorosos de Charles Simeon. Os dois rapazes tornaram-se amigos. De fato, Patrick passou informações a White sobre os gastos escolares para auxiliar White a planejar as exigências financeiras subsequentes que encontraria em Cambridge.[37]

Embora Patrick não tenha contribuído com um poema para o *Remains*, indicou sua ligação com o poeta dentro do volume do livro. Na folha de guarda do *Remains* (refilada durante uma reencadernação posterior), copiou, a lápis, o seguinte elogio sobre o *Remains* de uma crítica publicada inicialmente em *The Monthly Review* e depois republicada em outro lugar:

---

36 Barker, *The Brontës*, p. 6.
37 Barker, *The Brontës*, 7-8. Southey inclui uma carta na edição de 1810 do Remains que alude a Patrick, mas não menciona o seu nome: "O Sr. **, cujas contas eu tomei emprestado, já está no Colégio há três anos. Ele chegou de ** com 10 tostões [xelins] no bolso e não tem nenhum amigo nem nenhuma renda ou emolumentos de qualquer tipo, exceto o que recebe por sua Sizarship [Permuta]" (vol. 1, p. 193).

A ARQUEOLOGIA DO LIVRO 47

[O][38] assunto interessante dos volumes di[ante de nós] nos legou as provas mais inques[tionáveis], não apenas de alguns poderes da mente, [mas] de uma disposição tão gentil, amável, benevo[lente e piedosa] que nossa consideração pela perda desses [talentos e] qualidades é aumentada pela per[suasão] de que teriam sido zelosamente [empregados] em promover a felicidade, a vir[tude e] os melhores interesses de seus [seme]lhantes.

Monthly Review

Patrick contribuiu com o testemunho abaixo, em tinta marrom:

Tive a honra de conhecer, na Universidade, a pessoa que é o foco desta biografia, e tenho todos os motivos para acreditar que o louvor prestado a ele em relação à sua genialidade ou piedade — foi bem merecido.

P. Brontë

Desse modo, Patrick acrescentou sua homenagem ao *Remains*, em memória do finado amigo.

Durante a permanência na casa da família Brontë, o *Remains* ficava provavelmente guardado junto com os demais livros de Patrick no escritório do Presbitério. Ellen Nussey, amiga íntima de Charlotte, lembrava-se de que havia "estantes de livros no escritório, mas não muitas em outras partes da casa".[39] O *Remains* deveria ficar ali com dicionários e livros de gramática, Bíblias e livros de referência, tratados religiosos e contos com lições de moral (incluindo os trabalhos publicados de Patrick), obras de literatura clássica em latim e grego,[40] obras científicas, de história, aritmética, geografia e filosofia, bem como livros de literatura inglesa, francesa e alemã. Talvez o *Remains* ficasse na estante perto dos livros de Cambridge que Patrick estimava, entre eles, as edições de Horácio e Homero. Ou talvez próximo dos trabalhos dos poetas românticos ingleses, como a coleção das obras completas de Byron, ou dos livros de Sir Walter Scott. De outra forma, o *Remains* poderia ter ficado junto aos livros

---

38 O texto entre colchetes foi costurado para dentro do livro, ou cortado na extremidade da página em uma das reencadernações subsequentes do *Remains*.

39 Citado em *The Brontës*, p. 100.

40 Veja Virgílio. *The Works of Virgil Translated into English Verse*. Londres: Impresso para C. e J. Rivington [&c.] por T. Davison, Whitefriars, 1824. bb64. The Brontë Parsonage Museum, Haworth, Inglaterra.

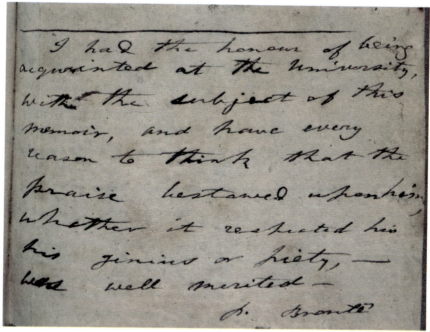

Patrick se orgulhava de sua ligação pessoal com o poeta falecido.

de outros poetas evangélicos, como Hannah More,[41] que pertenciam à família Brontë.

Independentemente do lugar onde ficavam na biblioteca, ambos os volumes do *Remains* foram muito lidos e bastante anotados por Patrick e os filhos, que deixaram dezenas de marcações, que incluíam correções, rabiscos, adições, comentários nas margens etc. É provável que Patrick tenha feito a correção de *Giffard* para *Gifford* na página 24, na biografia de White escrita por Southey (Patrick deve ter estudado a versão [para o inglês] de William Gifford de uma obra de Juvenal[42], em Cambridge, senão antes). E é provável que Branwell tenha feito o desenho de uma cabeça na página 314 no segundo volume — uma imagem que, a propósito, poderia ser um autorretrato, por se parecer muito com ele. Branwell também deve ter feito

---

41 Hannah More (1745-1833), escritora inglesa de cunho religioso e filantropo. (N. da T.)
42 W. Gifford, "Introdução", *The Satires of Decimus Junius Juvenalis*, trad. W. Gifford (Londres: G. e W. Nicol., 1802). (N. da T.)

A ARQUEOLOGIA DO LIVRO   49

as anotações cifradas no final do segundo volume. Talvez Emily tenha acrescentado a manícula (i.e., a mão apontando com o indicador) em tinta preta na margem do poema "Solidão", acrescentando a observação: "Obra-prima de Kirk White".

Percebe-se claramente que alguns dos Brontë se inspiraram nos poemas de White. Em 1841, aos vinte e quatro anos, Branwell escreveu o poema "Lorde Nelson" a partir de "NELSONI. MORS. H. K. WHITE" como está publicado no *Remains*.[43] Pelo menos uma crítica sugeriu que o poema "Clifton Grove", de Henry Kirke White, pode ter dado origem à trama de *O Morro dos Ventos Uivantes*.[44]

Charlotte parece ter sido menos influenciada por White do que Branwell e Emily. Embora ela admirasse a poesia de Southey — recomendando-a insistentemente à melhor amiga, Ellen Nussey, junto com as obras de Milton, Shakespeare, Thompson, Goldsmith, Pope, Scott, Byron, Campbell e Wordsworth[45] —, Charlotte não menciona nem White, nem os poemas dele em sua extensa correspondência, nem faz alusão a eles em seus romances. Na verdade, Charlotte teria ficado mais impressionada com a disposição de Southey para impulsionar os objetivos de White, uma gentileza que a incentivou procurar a orientação de Southey para publicar seus próprios poemas. Depois disso, recebeu dele uma atenciosa resposta, com o seguinte conselho:

> *A literatura não pode ser o trabalho da vida de uma mulher: e não deve ser (...) Mas não suponha que eu menospreze o talento que possui, nem que iria desencorajá-la a exercê-lo, apenas a exorto a pensar nele e a usá-lo, para torná-lo propício para seu próprio bem de forma permanente. Escreva poesia pela poesia, não com espírito de competição, nem visando à celebridade: quanto menos almejar se tornar famosa, mais tenderá a merecê-lo, e finalmente, a obtê-lo.*[46]

---

[43] Neufeldt, Victor A., ed. *The Works of Patrick Branwell Brontë: An Edition* vol. 3 de 3 volumes. (Nova York e Londres: Garland Publishing, Inc., 1997), p. 354.
[44] Richardson, A. *The Lost Manuscripts* (The Brontë Society, 2018), p. 132-174.
[45] *Cartas*, vol. 1, p. 130.
[46] *Cartas*, vol. 1. pp. 165-67.

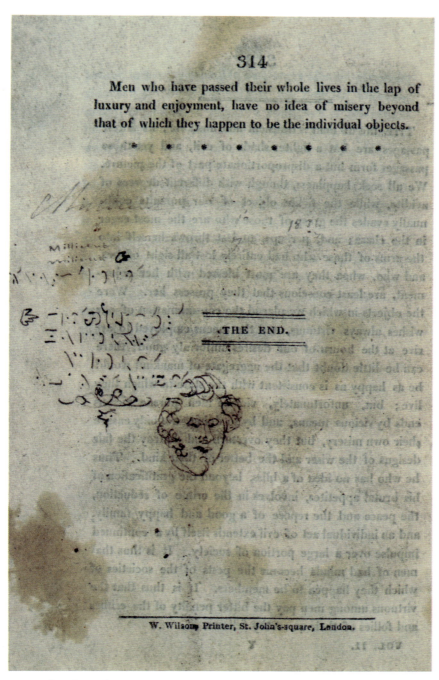

Branwell pode ter feito este desenho, um possível autorretrato.

131

SOLITUDE.

IT is not that my lot is low,
That bids this silent tear to flow;
It is not grief that bids me moan,
It is that I am all alone.

In woods and glens I love to roam,
When the tir'd hedger hies him home;
Or by the woodland pool to rest,
When pale the star looks on its breast.

Yet when the silent evening sighs,
†With hallow'd airs and symphonies,
My spirit takes another tone,
And sighs that it is all alone.

The autumn leaf is sear and dead,
It floats upon the water's bed;
I would not be a leaf, to die
Without recording sorrow's sigh!

The woods and winds, with sudden wail,
Tell all the same unvaried tale;
I've none to smile when I am free,
And when I sigh, to sigh with me.

Yet in my dreams a form I view,
That thinks on me and loves me too;
I start, and when the vision's flown,
I weep that I am all alone.

K 2

Teria Emily escrito esta anotação à margem?

Charlotte seguiria o conselho de Southey, ao menos em parte. Ela não escreveu pela celebridade, nem por espírito de competição. Porém, dez anos depois de ela e Southey se corresponderem, "Currer Bell" se tornaria um nome conhecido. De fato, a fama de Charlotte Brontë cresceria cada vez mais, enquanto a de Henry Kirke White diminuiria. No final do século, White foi rotulado como um "*poetaster*" [um poeta inferior] no *Dictionary of National Biography*.[47] Nessa época, *Jane Eyre* já tinha inúmeras edições, e foi amplamente adaptado, traduzido, ilustrado e imitado por outros autores, e "Charlotte Brontë" se tornou um nome famoso.

Durante a vida de Charlotte, no entanto, a tragédia se abateu logo após o súbito sucesso. Ela sobreviveu a todos os irmãos. Elizabeth e Maria não passaram da infância. Em 1848 — apenas um ano após a publicação de *Jane Eyre*, *O Morro dos Ventos Uivantes* e *Agnes Grey* —, Branwell morreu, aos trinta e um anos, e depois Emily, aos trinta. No ano seguinte, foi a vez de Anne, aos vinte e nove. Seis anos depois, em 1855, Charlotte se foi, aos trinta e oito.

É tentador imaginar que, antes de morrer em 1861, Patrick tenha guardado a juvenília de Charlotte no *Remains* para preservar o trabalho da filha junto com o de seu amigo. Afinal, Charlotte, como Henry, já era uma escritora na adolescência. Charlotte criou dezenas de pequenos livros manuscritos, cujas letras serifadas imitavam os contornos dos tipos impressos. Os fragmentos da juvenília de Charlotte encontrados no *Remains* — uma página de poesia e outra de prosa — provam a propensão precoce para a escrita. Patrick poderia ter colocado esses fragmentos no *Remains* para preservá-los, como prova da precocidade do gênio da filha. Muito apropriado também terem sido guardados dentro do livro que pertencera à falecida esposa, e no volume editado por Robert Southey, que também se correspondera com Charlotte na juventude.

Por mais atraente que este cenário possa parecer, é muito pouco provável que tenha acontecido isso. Como Charlotte nos lembra nesta passagem de *Shirley*, seu segundo romance:

---

[47] *Dictionary of National Biography*, ed. Sidney Lee, vol. 61 (Nova York: The Macmillan Company; Londres, Smith, Elder & Co., 1900), p. 48.

Antevês sentimento, e poesia, e sonhos?
Esperas paixão, e emoção, e melodrama? Acalma tuas expectativas;
reduze-as ao nível mais baixo. Algo real, frio e sólido está diante de ti; algo
não romântico como uma manhã de segunda-feira.[48]

De fato, a arqueologia deste livro — a construção física, as camadas de conteúdo e a alteração ao longo do tempo — aponta para uma narrativa bem diferente.

A PRIMEIRA VENDA EM LEILÃO

O *Remains* foi leiloado, sem alarde, nem atenção, na tarde de uma quarta-feira, no dia 2 de outubro de 1861. O leilão foi provocado pela iminente partida de Arthur Bell Nicholls, viúvo de Charlotte, de Haworth. Depois de ter servido como pároco de Patrick de 1845 a 1861, Nicholls planejava sucedê-lo como ministro oficiante na Igreja de São Miguel e Todos os Anjos em Haworth. Mas os curadores da igreja deixaram de votar nele, preferindo John Wade, indicado pelo vigário [da cidade] de Bradford.[49] Ao se preparar para deixar a vila, Nicholls contratou o leiloeiro John Cragg e seu assistente (conhecido por John Clark) para vender o restante dos bens pessoais de Patrick Brontë no Presbitério de Haworth.

Do anúncio de dois dias de pregão, constavam os móveis de Patrick, que incluíam: "oito cadeiras de mogno estofadas", "duas mesas de jogo de mogno", uma "mesa de jantar de mogno", uma "tela [sic] de mogno" (i.e., um anteparo de lareira) e uma "cadeira de balanço de mogno", bem como "tapetes e passadeiras [da cidade] de Kidderminster" etc.

Patrick emoldurara gravuras de John Martin — "O Dilúvio", "A Festa de Belsazar" e "Josué ordena que o Sol pare sobre o Gibeão" —, que também foram destacadas para a venda, juntamente com outros quadros. O anúncio listava móveis, utensílios de cozinha e copos

---

[48] Charlotte Brontë, *Shirley*, ed. Herbert Rosengarten e Margaret Smith (Oxford: Oxford University Press, 1979), p.7.
[49] Barker, *The Brontës*, pp. 822-825.

de cristal adicionais, bem como "cerca de 200 vols. de LIVROS". Todos os lotes puderam ser vistos na segunda, 30 de setembro.[50] O inventário de venda que sobreviveu, que incluía uma lista abreviada dos lotes do leilão com os preços, não menciona a venda de nenhum manuscrito.[51]

Quase no final do leilão, o *Remains* foi vendido com outros livros sortidos, que formavam o lote 51, para um "Sr. Wood", pelo preço de 1 xelim e 3 centavos — uma total pechincha. Embora Charlotte não estivesse mais viva, ela e a família eram celebridades, e um livro anotado por Patrick e os filhos teria provocado algum interesse. A biografia de Elizabeth Gaskell, publicada em 1857, apenas ampliou a fama de Charlotte — e também tornou público, pela primeira vez, o fato de ela e os irmãos serem os autores de um volume considerável de juvenília — "uma escrita muito estranha e louca", como Gaskell descreveu.

No entanto, se o *Remains* contivesse os fragmentos de manuscritos na época do leilão em 1861, Nicholls e os leiloeiros decerto teriam notado. De fato, é totalmente improvável que Nicholls tivesse se desfeito deles. Nicholls manteve a custódia dos manuscritos da família Brontë por décadas, e chegou a escrever em resposta ao historiador Clement Shorter em 1895, que ainda os mantinha "na prateleira inferior da estante, embrulhados em jornal, há quase trinta anos".[52] Parece que, de sua parte, Nicholls não tinha o hábito de entregar manuscritos a colecionadores de autógrafos. Vendeu uma quantidade de papéis para Shorter por uma pequena soma, acreditando que seriam colocados em algum museu em Londres. Mesmo então guardou uma grande quantidade de manuscritos que foram a leilão apenas após sua morte. Shorter, enquanto isso, intermediou uma negociação, vendendo os manuscritos ao colecionador de livros — e falsário — T. J. Wise, que os distribuiu auferindo grande lucro,

---

50 "Notícia de venda dos móveis do Presbitério de Haworth", P156, Brontë Parsonage Museum, Haworth, Inglaterra.
51 "Venda por leilão no Presbitério de Howarth [sic]", SB2008 e SB349, Brontë Parsonage Museum, Haworth, Inglaterra.
52 Correspondência guardada como parte do Brotherton Collection, Universidade de Leeds. Citado por Clement Shorter em *Charlotte Brontë and Her Circle* (1896), p. 25.

Fragment of a poem by Charlotte Brontë and in her own hand writing J.W.

depois de transcrever e publicar alguns dos textos em pequenas edições caseiras.

Quanto a colocar os fragmentos dos manuscritos de Charlotte dentro do *Remains*, também há uma prova física fornecida pelo próprio livro. Se os volumes estivessem de fato "sem capa" quando da venda no leilão, como alega uma fonte, seriam muito frágeis para guardar quaisquer cartas ou manuscritos. Além disso, se Patrick tivesse acrescentado os papéis ao exemplar do *Remains*, ele teria, como costumava fazer, documentado sua importância, da mesma forma como registrou a procedência do livro e sua antiga amizade com White. Era hábito de Patrick fazer essas anotações sistemáticas. Mas não há nenhuma anotação dele sobre os papéis.

Em vez disso, no exemplar do *Remains* dos Brontë, a maioria das anotações sobre os manuscritos foram feitas com a caligrafia do Reverendo J. H. Wood, o mesmo "Sr. Wood" que comprou o *Remains* no leilão. Wood, um ministro batista que vivia em Haworth, era conhecido pela família Brontë. São dele a letra e as iniciais que aparecem sob o primeiro texto de poesia juvenil de Charlotte:

Fragmento de um poema de Charlotte Brontë, com sua própria letra JHW.

A anotação de Wood foi feita na parte inferior de uma moldura de papel grosso, onde a folha do manuscrito foi inserida, de forma a deixar ambos os lados visíveis. A montagem malfeita da folha em uma moldura frágil parece trabalho amador, talvez do próprio Wood. Essa apresentação foi certamente acrescentada ao miolo do livro em uma nova encadernação — porque a moldura, junto com uma série de páginas adicionais, aparece após as páginas finais do volume original e as folhas de guarda (i.e., em uma delas Patrick transcreveu a mencionada citação de *The Monthly Review*, bem como registrou que conhecia White).

À esquerda: manuscrito de um poema de Charlotte descoberto entre as páginas do *Remains*.

Arthur Bell Nicholls, marido de Charlotte, foi o curador dos bens dos Brontë depois da morte de Patrick.

Wood se esforçou para interpretar o fragmento de poesia de Charlotte. Em uma nova folha inserida no livro, depois do fragmento emoldurado, tentou transcrever a minúscula caligrafia de Charlotte, fazendo a seguinte anotação:

Transcrição do fragmento acima da melhor forma possível.

Ele teve dificuldade para decifrar as letras minúsculas, escritas a lápis, pois a transcrição está cheia de lacunas.

Depois dessa página, e também encadernada no livro, há outra folha nova, com a frente em branco e uma inscrição no verso:

O autor da seguinte carta, Rev. Sr. Nicholls, era o marido de Charlotte Brontë.

Imediatamente após essa inserção, e da mesma forma encadernada no livro, há uma carta de Nicholls para Wood em resposta à sua mensagem de condolências que Wood enviara a Nicholls após a morte de Charlotte. A resposta de Nicholls, escrita em papel timbrado com borda preta, em sinal de luto, diz:

> O Presbitério,
> Haworth.
>
> Rev. e Caro Senhor,
>
> Em nome do Sr. Brontë e no meu, agradeço sinceramente os pêsames expressos na carta que nos enviou após nossa recente perda — A aflição é de fato muito pesada, mas tentamos ver nisso a mão do nosso Pai Celestial, "que não aflige, nem entristece de bom grado os filhos dos homens", e nos console o pensamento de que nossa perda represente um ganho para ela —
> Mais uma vez agradecendo-lhe por sua gentileza
>
> Sou Rev. e Caro Senhor
>
> Sinceramente seu,
> A. B. Nicholls

Depois desta carta, há ainda outra folha encadernada, desta vez de um fragmento de manuscrito estreito, inserido na parte anterior da folha, e escrita em letra cursiva com tinta marrom. Uma anotação abaixo desse manuscrito, feita a lápis e com outra caligrafia, atribui este texto a Emily. É diferente da letra de Wood — que voltaremos a mencionar.

Continuamos sem saber como Wood adquiriu estas extraordinárias páginas da juvenília de Charlotte. O fragmento de poesia está escrito a lápis, um detalhe que sugere que fosse um rascunho; grande parte da juvenília de Charlotte é formado por manuscritos escritos com tinta marrom escura (e normalmente datados e assinados). Essa folha foi descartada por Charlotte e guardada de algum modo por outra pessoa?

Por outro lado, os dois fragmentos da juvenília de Charlotte poderiam ter ficado com Branwell; ele costumava trocar textos com Charlotte durante a juventude quando estes fragmentos foram escritos. Descuidado nos últimos anos, Branwell pode ter se desfeito deles, ou até mesmo trocado por algum dinheiro. No final da vida,

endeavour to see in it the hand of our Heavenly Father, "who does not willingly afflict the children of men". & console ourselves by the reflection that our loss is her gain –

Again thanking you for your kindness

I am Rev. & d. Sir
yr. faithfully
A. B. Nicholls

Resposta de Arthur Bell Nicholls a uma carta de condolências após a morte de Charlotte.

Branwell, alcoólatra, estava endividado, e dependia de qualquer um que lhe desse dinheiro para comprar bebidas alcoólicas. Já em 1848, começaram a circular boatos em Yorkshire sobre a autoria de *Jane Eyre*.[53] Além disso, vinham muitas cartas e pacotes para o Presbitério pelo correio de Londres, bem como os que Charlotte enviava a seus editores, Smith e Elder. Embora não esteja claro se Branwell e os demais moradores de Haworth tivessem percebido que Charlotte havia publicado um romance (por exemplo, antes de ele morrer em 1848[54]), a desesperada necessidade de Branwell por dinheiro e a crescente curiosidade em relação à identidade de "Currer Bell" ao mesmo tempo sugerem essa possibilidade.

O conteúdo do fragmento de prosa de Charlotte teria suscitado um interesse incomum em Wood, porque menciona Haworth nominalmente,[55] bem como o Black Bull e também Keighley (cidade maior adjacente à vila de Haworth). O fragmento descreve o autor/anti-herói fictício, Lorde Charles Wellesley, "visitando" Haworth em 1833, após ter "fugido de Londres por medo dos seus credores". Acompanhado por um Sr. Thing,[56] disfarçado de ministro metodista itinerante, e agindo sob o pseudônimo de "Charles Townshend", Wellesley "pregou na capela wesleyana e planejou desviar a receita da coleta trimestral". Wellesley prossegue para atacar os clérigos de Haworth, incluindo o ministro batista, John Winterbottom (que, na vida real, defendia pontos de vista políticos liberais contrários aos de Patrick, um Tory[57] convicto), antes de fugir da vila sem pagar por suas despesas.

É notável que o tratamento satírico precoce de Charlotte em relação ao metodismo — e do opositor batista de Patrick — tenha sido salvo e surgisse depois no contexto solene do *Remains*. A irreverência,

---

53 Veja Barker, pp. 562-564.
54 Em carta para W. S. Williams, escrita em 1848, Charlotte alegava: "[Branwell] nunca soube o que as suas irmãs escreveram — ele não tinha conhecimento de que tivessem publicado nada". Ela escreve: "Não podíamos contar-lhe sobre o nosso trabalho com medo de ele se arrepender por ter desperdiçado o tempo, e mal aplicado os seus talentos". *Cartas*, vol. 2, pp. 122-23.
55 Christine Alexander, "Ambições precoces: Charlotte Brontë, Henry Kirke White e Robert Southey", *Brontë Studies*, 43:2, 14-31:24.
56 Sr. Coisa. (N. da T.)
57 O Partido Tory, antigo partido de tendência conservadora do Reino Unido, que reunia a aristocracia britânica, criado em 1678 e dissolvido em 1834. O termo tem origem irlandesa e significa "pertencente a um bando" ou "bandoleiro". (N. da T.)

o tratamento farsesco da religião dissidente do fragmento, oferece um contraste gritante quanto à atitude religiosa sincera de White. As muitas camadas de provas dentro do *Remains*, incluindo a transcrição de Wood, mostram claramente que ele estudou as páginas com bastante atenção. Como um todo, incluindo estes fragmentos e as inscrições de Patrick, as associações religiosas do livro formam a própria narrativa de modo convincente.

A PARTIDA DE HAWORTH

É possível que, em algum momento entre 1861 e 1869, Wood tivesse todos esses materiais encadernados em um único volume,[58] com o propósito de enviar a coleção a um amigo: o Reverendo Edwin Paxton Hood. Antes de remeter o livro, no entanto, Wood acrescentou ainda outra camada de procedência ao cada vez mais complexo exemplar do *Remains* ao fazer uma inscrição no livro, para Hood:

> *Adquirido na venda dos bens do Sr. Brontë e dado de presente como um pequeno sinal de gratidão, estima e afeto ao Rev. E. P. Hood de seu amigo J. H. Wood.*

E assim, após permanecer ali por mais de quarenta anos, o *Remains*, finalmente deixou Haworth para morar com um novo dono.

Bastante esquecido hoje, Edwin Paxton Hood era um ministro não conformista famoso no século XIX, como editor, crítico e escritor prolífico de livros populares. Ele trabalhou como editor de *The Eclectic Review* e *The Argonaut*, e escreveu várias biografias de poetas ingleses famosos, como Milton, Marvell e Wordsworth, a outros ministros não conformistas, incluindo os contemporâneos ou quase contemporâneos, Thomas Binney, Christmas Evans e Robert Hall.[59]

Embora Hood não tenha feito uma monografia sobre os Brontë ou Henry Kirke White, certamente ele leu — e muito provavelmente revisou

---

[58] O papel tufado em que os fragmentos de manuscrito foram montados e inscritos combinam entre si; além disso, a carta do rev. Hood para Binney menciona os volumes terem sido encadernados juntos formando um único livro.

[59] *Dictionary of National Biography*, ed. Sidney Lee, vol. 27 (Nova York: The Macmillan Company; Londres: Smith, Elder & Co. 1900), p. 257.

— a biografia de Gaskell, *The Life of Charlotte Brontë* [A vida de Charlotte Brontë] (Londres, 1857).[60] A avaliação de *The Eclectic Review* sobre *The Life of Charlotte Brontë* inclui uma breve defesa da administração controversa do Reverendo Carus Wilson da Escola Cowan Bridge, onde Charlotte e as irmãs mais velhas, Maria e Elizabeth, estudaram durante um surto de febre tifoide — a mesma instituição que serviu de modelo infame para a Escola Lowood em *Jane Eyre*. A crítica não assinada também enfatiza a natureza religiosa de Charlotte, e termina com um tipo de sermão, de acordo com os valores religiosos de Hood:

> *Deus deu a ela grandes poderes e muitas tristezas. Mas não deixem que os filhos e as filhas do gênio se queixem de seu destino, ou se admirem dele (...) Se eles suportarem pacientemente suas aflições, se lutarem resolutamente contra as dificuldades, se superarem os problemas pela força divina e a fé em Deus, em vez de tentar esquecê-los em desvairada autoindulgência, eles possuirão, ao fim da vida, uma natureza moral distinta pelo poder e a beleza, bem como um intelecto enriquecido com riqueza e esplendor.*[61]

Por outro lado, a crítica mostra como as obras de Charlotte eram recebidas pelos leitores evangélicos da época — e por que o exemplar do *Remains* dos Brontë, junto com a juvenília de Charlotte, tinha um interesse especial para Hood e seus colegas clericais.

Pode ter sido essa crítica, ou o interesse conhecido de Hood tanto pela religião quanto pela história da literatura, que motivou Wood a enviar o *Remains* para Hood, contendo a carta de Nicholls e os manuscritos de Charlotte, com a transcrição e as anotações adicionais sobre o livro. Hood, em troca, enviou o volume, em 9 de setembro de 1869, a seu colega (e mais tarde objeto de uma de suas biografias), o Reverendo Thomas Binney, o proeminente ministro congregacional da King's Weigh House Chapel[62], em Londres.

---

60 Na correspondência de Hood para o Reverendo Binney, ele faz uma referência direta à biografia de Gaskell: "na Folha de guarda anterior autógrafo do velho Sr. Brontë — (pai de Charlotte) lemos muito sobre ele na biografia da Sra. Gaskell". Correspondência incluída na encadernação do *Remains*.
61 *The Eclectic Review* (junho de 1857), 630-642: p. 642.
62 Capela da Casa do Peso Real. (N. da T.)

Nascido e criado em Newcastle upon Tyne, o primeiro emprego de Binney foi como aprendiz de um livreiro e impressor chamado George Angus. O pai de George, Thomas Angus, havia se especializado na impressão panfletos, e contratou o xilógrafo e ilustrador Thomas Bewick no início de sua ilustre carreira. Este, é claro, era o "Bewick", cuja *History of British Birds* [História dos Pássaros Britânicos] aparece de forma inesquecível nas primeiras páginas de *Jane Eyre* — uma ligação que deve ter se destacado para Binney.

Binney ficou o *Remains* apenas por um breve período, porque, ao mandar o livro para ele, Hood escreve:

> *Sua carta anexando a do Dr. Sprague foi entregue sábado à noite, tarde demais para respondê-la. O livro de Charlotte Brontë é uma curiosidade tão viva quanto uma Autobiografia. Gostaria que o visse antes de remetê-lo para a América. Envio-o imediatamente a você.*

O *Remains* estava destinado à coleção do Reverendo William Buell Sprague (1795-1876), clérigo americano, escritor evangélico e voraz colecionador de autógrafos — um dos maiores da época. Nesse aspecto, Binney parece ter servido como intermediário para Sprague, apresentando-lhe Hood, para acertar a venda internacional do livro.[63] Nessa carta para Binney, Hood menciona ambos os manuscritos, mas atribui equivocadamente o fragmento de prosa a Emily:

> *O outro manuscrito tão curioso quanto notável é o de Emily Brontë. Ainda mais extraordinária do que a irmã, era autora de* O Morro dos Ventos Uivantes.

Embora os quatro clérigos evangélicos — Wood, Hood, Binney e Sprague — estivessem fascinados com o *Remains*, Sprague possuía os recursos e o apetite maior para livros e manuscritos antigos. Um relato da época indicava que Sprague tinha:

> (...) *tamanha fúria para colecionar autógrafos que adquiria tudo que tivesse um nome escrito.*[64]

---

[63] Na correspondência de Hood para Binney, ele indica que Binney lhe enviou uma missiva encaminhando uma carta de Sprague.

[64] Citado no artigo de Francis Manley, "Swift Marginalia in Howell's *Medulla Historiae Anglicanae*", PMLA (73), no. 4, parte 1 (setembro de 1958): pp. 335-338.

Também é bastante possível que Hood tenha procurado de forma rotineira livros raros com associações religiosas e literárias famosas na Inglaterra para Sprague. Em sua carta para Binney, Hood menciona, não apenas um, mas três livros raros e antigos: o segundo livro era a Bíblia usada por Charlotte na Igreja de São Miguel, em Haworth, e o terceiro, outro volume com uma ligação ilustre (e também clerical). Hood escreve:

> (...) *minha esposa esteve lá para fazer uma visita — e na tarde de sábado sentou-se no banco dos Brontë e usou o livro de Charlotte e o escabelo*[65]. *O Sr. Nicholls estava pregando — então acho que ela recebeu este livro. Incluo estes [ou seja, o Remains e a Bíblia] e também se o Dr. Sprague aceitar através de ti um volume todo em tudo curioso que pertenceu anteriormente ao Reitor Swift — contendo seu autógrafo na primeira folha de guarda — e suas anotações em todo o volume.*

O livro era um exemplar do *Medulla Historiae Anglicanae: The Ancient and Present State of England* (9ª edição, Londres, 1734).[66] Foi dado por Swift à sua prima de segundo grau, Mary Harrison, em 1736, com a seguinte dedicatória: "Para encorajá-la a ler livros úteis e instrutivos".[67]

O *Remains*, a Bíblia de Charlotte e o *Medulla* foram despachados (desta vez, em segurança) para a residência de Sprague em Albany, Nova York. Sprague, autor de mais de cem publicações, incluindo sermões, ensaios e discursos, aparentemente não fazia nada pela metade. O *Remains* foi acrescentado a uma vasta coleção que continha cerca de cem mil autógrafos.[68] Mas Sprague, que estava com idade bastante avançada, não continuaria a aumentar a biblioteca por muito tempo. Faleceu em 1876, aos oitenta anos.

O *Remains* foi leiloado em maio de 1878 na cidade de Nova York por Bangs & Company como parte da "porção final" da venda da

---

65 Apoio para os pés. (N. da T.)
66 O livro está hoje na Biblioteca Milton S. Eisenhower, na Universidade Johns Hopkins, em Baltimore, Maryland, sob o nº DA32. H85 1734R c. 1.
67 Manley, "Swift Marginalia in Howell's *Medulla Historiae Anglicanae*", p. 335.
68 Verbete sobre "William Buell Sprague". *Appletons' Cyclopedia of American Biography*, eds. John Grant Wilson e John Fiske, vol. 5 (Nova York: D. Appleton & Company, 188), p. 168.

imensa coleção de Sprague. O catálogo anunciava "livros com autógrafos raros", bem como "muitos livros raros e interessantes em várias áreas de literatura, história americana e biografias". (Também contém a descrição do exemplar do *Medulla* de Swift, que aparece como lote 318.) O *Remains* era o lote 678, descrito como "2 vols. em 1", com meia encadernação em couro. A breve descrição do lote menciona o fragmento de Charlotte, bem como a carta de Nicholls, as inscrições de Patrick e a correspondência de Hood.

A partir desse ponto, o volume mudou das mãos de clérigos colecionadores de livros para as de colecionadores especialistas em literatura inglesa do século XIX, livros anotados e os chamados "livros de recortes", ou com excesso de ilustrações, correspondências e assuntos correlatos acrescentados a eles. É quase certo que o homem que adquiriu o *Remains* no leilão de Sprague tenha sido John A. Spoor (1851-1926), empresário de Chicago. Nessa época, Spoor devia ter vinte e seis anos, e já era um ávido colecionador de poetas e ensaístas ingleses do século XIX.

Quando Spoor morreu, sua coleção apresentava raridades surpreendentes, como um caderno com anotações de próprio punho de Percy Bysshe Shelley e Mary Shelley, e também um álbum de autógrafos assinado por Keats, Southey, Tennyson e Wordsworth.[69] Spoor também colecionava bronteana. O exemplar de *Poemas* dos "Bell" era um dos raros primeiros exemplares do livro, com a encadernação de pano verde-claro original, que continha uma carta de Charlotte a seus editores, Aylott e Jones, acusando o recebimento de dois exemplares de *Poemas* e cumprimentando-os pela "*bonita*" encadernação dos livros.[70] Este exemplar, recentemente vendido em leilão a um colecionador americano, contém o *ex-libris*[71] de Spoor.[72]

Sem dúvida, são as iniciais de Spoor — "JAS" — que assinam a anotação no livro dando conta da procedência por meio da sua aquisição

---

[69] Donald C. Dickinson. *Dictionary of American Book Collectors* (Nova York; Westport, Connecticut; Londres: Greenwood Press, 1986), pp. 293-94.
[70] Smith, *Letters*, vol. 1, pp. 499-500.
[71] Etiqueta de propriedade. (N. da T.)
[72] Veja lote 330 do leilão, "Fine Books, Manuscripts and Works on Paper", Forum Auctions, 10 de julho de 2017: https://www.forumauctions.co.uk/32406/Bronte-sisters-Poems-1st-ed.-1st-issue-1846-with-ALs-from-Charlotte-Bronte-tipped-in?auction_no=1013&view=lot_detail

("*Comprado por mim na venda da biblioteca do Sr. Spague*"). Também parece ter sido Spoor quem fez a seguinte observação no fragmento de prosa de Charlotte:

> *Escrito com a letra de Emily Brontë. Veja carta do Rev. E. P. Hood encadernada no final do volume.*

Muito provavelmente, também foi Spoor quem colou dentro do livro o recorte de jornal do *The New York Times* de 1886, anunciando a VENDA DE RELÍQUIAS DAS IRMÃS BRONTË.

Pode ter sido Spoor, ou o dono seguinte do livro, o Juiz Joseph F. Daly, quem mandou reencadernar o livro com a atual capa luxuosa na Haddon & Company, um encadernador ativo em Nova York no último quarto do século XIX. Os nomes dos encadernadores estão grafados na borda exterior da segunda capa interna. Um colecionador de grande monta, Spoor teria facilmente encomendado a encadernação, por ser muito rico e dadas as proporções de sua coleção. Mas Daly, que comprou o livro diretamente de Spoor, ou por meio de um representante de Spoor, em algum momento desconhecido antes da morte de Daly em 1916, também costumava encomendar encadernações para seus livros. Como indica o catálogo do leilão promovido pela Anderson Galleries:

> *O Juiz Daly não era um colecionador de livros na acepção comum do termo; ele os comprava para ler, e se a leitura lhe despertasse algum interesse permanente, os volumes eram adequadamente encadernados, e normalmente bastante ilustrados com gravuras raras, na maioria retratos.*

Ponto alto da venda de Daly, o exemplar do *Remains* dos Brontë estava destacado como "um dos primeiros" entre os muitos exemplares pessoais da coleção de Daly "devido à nota de próprio punho da autora no exemplar de Charlotte Brontë".[73] O livro, com sua "prova suplementar" e seu "pedigree", foi rotulado como BRONTË SOUVENIR e vendido em dezembro de 1916 como lote 84 pelo preço, no martelo, de

---

73 Anderson Galleries, "BRONTË SOUVENIR", tarde de terça-feira, 5 e 6 de dezembro de 1916, como parte da venda 1255, "Catálogo da Biblioteca do falecido Juiz Joseph F. Daly, de Nova York: raridades em várias áreas de literatura, livros bastante ilustrados, incluindo o Teatro Irlandês de NY e centenas de gravuras raras".

duzentos e quarenta e cinco dólares,[74] um valor real equivalente a cerca de onze mil e trezentos dólares em moeda corrente em 2018.[75] A compradora foi Mary McMillin Norton — outra colecionadora de livros bastante ilustrados e exemplares que tivessem pertencido aos próprios autores.

A coleção de Norton incluía uma vasta gama de manuscritos, de livros das horas franceses do século xv a dois manuscritos de Mark Twain, com um conjunto de manuscritos de Byron guardado entre eles. Como os colecionadores do *Remains* antes dela, Mary se interessava muito por autógrafos. Por exemplo, possuía uma coleção de autógrafos de antigos presidentes dos Estados Unidos (de Washington a Woodrow Wilson[76]), bem como um exemplar de *Demeter and Other Poems*, de Alfred Tennyson (Londres, 1889) contendo um papel colado com um autógrafo de Tennyson a seu editor. Curiosamente, Mary não tinha nenhum outro material dos Brontë.

Norton não manteve o *Remains* por muito tempo. Ela vendeu sua coleção em 1918 por intermédio da Anderson Galleries, onde havia comprado o livro apenas dois anos antes. O *Remains* foi vendido com um conjunto de quatro fólios de Shakespeare, bem como outros livros excepcionais, incluindo o exemplar da *Crônica de Nuremberg*[77] que pertencera a John Ruskin, contendo anotações nas margens feitas nos séculos xv e xvi. O *Remains* foi vendido por duzentos dólares — quarenta e cinco dólares a menos do que na aquisição em 1916 — a uma família anônima, que o preservou por quase cem anos, antes de oferecê-lo à venda por meio da Randall House Rare Books.[78]

DE VOLTA PARA CASA

Em 2016, o Brontë Parsonage Museum comprou o livro por um valor de seis dígitos — exatamente mil vezes o custo de seu preço de venda

---

74 Veja *American Book Prices Current*.
75 Lawrence H. Officer and Samuel H. Williamson, "Five Ways to Compute the Relative Value of a UK Pound Amount, 1270 to Present", Measuring Worth, 2018.
76 Woodrow Wilson era o presidente americano de 1913 a 1921, ocasião da venda de sua coleção. (N. da T.)
77 De Hartmann Schedel, publicado em 1493, com 1.600 xilogravuras coloridas em aquarela. (N. da T.)
78 http://www.randallhouserarebooks.com/ 835 Laguna Street, Santa Barbara, Califórnia 93101. (N. da T.)

no leilão em 1918. Assim, o *Remains* finalmente retornou a Haworth após uma longa permanência no exterior.

Quando um livro como o *Remains* por fim chega a um museu ou biblioteca, há uma sensação de conclusão. O livro deixa uma casa particular e entra em uma instituição pública. A localização do livro torna-se conhecida e determinada. Pode ser consultado por estudiosos, exibido por curadores e interpretado junto com outros objetos semelhantes dentro da coleção — nesse caso, os fantásticos itens do Brontë Parsonage Museum.

O que normalmente perdemos quando um objeto entra em um museu, no entanto, são as histórias de seus antigos donos. Tantos livros testemunharam e suportaram fatos extraordinários como parte de suas vidas em coleções particulares, mas, em geral, com o tempo, essas histórias acabam se perdendo, são apagadas, negligenciadas ou esquecidas, juntamente com os ricos detalhes dos outros objetos e das vidas particulares que foram tocadas, e talvez até moldadas, por algo que não está mais entre eles. Essas associações informam sobre a existência de qualquer livro. De qualquer forma, o *Medulla Historiae Anglicanae*, de Howell, que foi anotado por Jonathan Swift e viajou com o *Remains*, revelou certas ressonâncias intelectuais valorizadas por colecionadores e eruditos evangélicos do século XIX. Quando a coleção de Sprague foi leiloada, essa ligação histórica importante foi seccionada, exceto pela carta de Hood a Binney, encadernada no livro.

O *Remains* é um objeto extraordinário, finalmente, porque os antigos donos colocaram muito de si entre as páginas: suas histórias, seu conhecimento, seus valores e, por último, seu desejo de estabelecer um vínculo permanente com o livro como um objeto físico. Poucos objetos podem fornecer tantas provas tanto de sua origem quanto de suas viagens. Cada inscrição dentro do *Remains* — cada camada encadernada entre suas capas — indica uma miríade de coleções, pessoas e ideias correlacionadas. Nem os ossos de um túmulo, nem as cinzas de uma urna contêm as histórias que continuam a existir dentro do *Remains*.

UMA VISITA A HAWORTH

Emma Butcher

Unindo fantasia à realidade

Em junho de 1833, Charlotte Brontë convidou seu personagem fictício da Cidade de Cristal, Charles Townshend, para um passeio em Haworth. Durante toda a infância, os irmãos Brontë criaram mundos mágicos, construindo metrópoles detalhadas, habitadas por inúmeros personagens, de ricos aristocratas a "estranhos rapazes", os ladrões, os bêbados e os pobres da sociedade.

Até então, os dois mundos de realidade e fantasia haviam permanecido totalmente separados. No entanto, pela primeira vez, este trabalho mostra que Charlotte apresentou este reino imaginário aos moradores da sua vila.

Este ensaio explora esse interessante encontro e toca em um dos temas-chave que tornam a juvenília dos irmãos Brontë um conjunto de textos verdadeiramente excepcional.

Dra. Emma Butcher é pesquisadora de início de carreira do Fundo Leverhulme na Universidade de Leicester. Em 2017, foi indicada como Pensadora da Nova Geração da BBC, e escreveu e falou sobre as irmãs Brontë nas rádios BBC2 e BBC3, e no *The Guardian*. Em 2015, foi a cocuradora da exposição *The Brontës, War and Waterloo* [Os Brontë, a Guerra e Waterloo], no Brontë Parsonage Museum. Sua monografia, *The Brontës and War* [Os Brontë e a Guerra], será publicada pela Palgrave Macmilllan em 2019.

A descoberta de um novo manuscrito da juvenília de Charlotte Brontë dentro do exemplar de *The Remains of Henry Kirke White* que pertenceu à Sra. Brontë é muito especial. Embora seja curto, está cheio de galhofa, obscenidade e violência, tudo acontecendo em Haworth, onde vive a família Brontë. Escrito em 1833, está no início de um período criativo florescente da jovem carreira literária de Charlotte. Aqui ele está, na íntegra:

[Sem título] Uma visita a Haworth

Em junho de 1833, Lorde C. Wellesley visitou Haworth, fugido de Londres por medo dos seus credores. Alugou um quarto no Black Bull onde chamou muita atenção por seu comportamento e aparência não serem muito comuns em uma vila do interior, por sua ausência regular durante o dia e o igualmente regular retorno ao cair da noite, em geral acompanhado por um grupo da ralé local a quem ele tinha o prazer de fornecer tanta bebida quanto eles conseguissem beber, e depois testemunhar e por vezes participar das discussões que surgiam por causa da embriaguez. Dizia se chamar Charles Townshend, Esq., e costumava ser visto em companhia de um velhinho de aspecto muito suspeito, a quem chamava Sr. Robert Thing. Esses irmãos se faziam passar por dois...

À direita: a primeira página do manuscrito em prosa de Charlotte encontrado entre as páginas do exemplar da Sra. Brontë.

Anno 1833, Lord C
Off Alby, Paid a
visit to Howarth
being driven from [home]
town by fear of his
creditors, The whole of
his quarters at this
Black Bull Inn were
the excited attention of the
natives by his manners
and appearance which
were great. Such as are
seen daily in a
quietest village, by
his regular absence during
the day & his equally
regular return at night
fall, generally accom-
panied by [some] [ ] [ ]
[   ] of the place, whom
it was his delight to
fill with as much
[drink] as they could
hold and then witness
& sometimes participate
in the quarrels which
[arose] out of their
inebriety. He was al-
ways attony [attended] by
the [   ] of Charles [   ]
[   ] Esqr & was usually
to be seen in the
vicinity of a little ale
house [   ] [   ]
called [   ] [   ] they
three worthies [   ]
themselves off for one

Primitives in the Methodist
Connection, about one time
Dr Townshend preached
at the Wesleyan Chapel
& continued to employ
the proceeds of the
Quarterly Collection, He
likewise in company
with Mr Shing broke
into the house of the
Revd John Winterbottom
in the middle of the
night, dragged him
from his bed, & had
him drawn by the heels
from one end of the
village to the other
Subsequently he ducked
John Foster the Sexton
of &c in a horse pond
half hung Mr Robson
the Methodist Preacher
& publicly flogged
one John Hartley who
made use the but of
James Greenwood Esqr
on the open Streets,
frightened Mr Sunderland
Organist of Keighley
into hysterics & drunk,
& after the commission of
all these enormities made
a moonlight flitting from
the Black Bull without
paying a stiver of his
reckoning

...ministros metodistas. Certa vez o Sr. Townshend pregou na capela wesleyana e planejou desviar a receita da coleta trimestral. Da mesma forma, ele e o Sr. Thing invadiram a casa do Rev. John Winterbottom no meio da noite, arrancaram-no da cama e o arrastaram pelos calcanhares de um lado para o outro da vila. Depois jogaram John Foster [?] o [?] do [?] num bebedouro de cavalos e deixaram o Sr. Robson, o pregador metodista, meio pendurado. Depois açoitaram publicamente o Sr. John Hartley, tropicaram os pés de James Greenwood, Esq., no meio da rua, assustaram o Sr. Sunderland, o organista de Keighley, deixando-o temporariamente insano, e após cometerem todas essas barbaridades, fugiram furtivamente do Black Bull à noite sem pagar um tostão pela sua hospedagem.

A JUVENÍLIA

Antes de entrar em detalhes sobre o manuscrito, devemos considerar o contexto da juvenília, e a importância como um todo para os estudos sobre os Brontë.

O que a maioria leu sobre eles é apenas a ponta do iceberg. Antes que as três escrevessem seus sucessos de estreia, os quatro irmãos — Charlotte, Emily, Anne e Branwell — já eram uma poderosa oficina literária. A partir de 1826, quando o pai trouxe para casa uma caixa de soldadinhos, eles passaram a elaborar mundos de fantasia dando vida aos brinquedos. Juntos, criaram reinos fantásticos e os povoaram com inúmeros personagens e acontecimentos. Combinados, os detalhes e as complexidades dos seus mundos rivalizam com os reinos literários mais famosos da literatura inglesa.

Sabe-se que a literatura juvenil dos Brontë é difícil de compreender. Inicialmente, entre 1826 e 1832, os quatro irmãos trabalhavam nas mesmas histórias coletivas, culminando com a saga da Cidade de Cristal, localizada na exótica Costa Ocidental da África. Então, em 1832, Emily e Anne se afastaram de Charlotte e Branwell, para formar seu reino, Gondal. Embora não saibamos por que isso ocorreu, é certo que as duas irmãs mais novas ignoravam as novidades nas aventuras

À esquerda: a história continua em uma segunda página, colada dentro do *Remains*.

que os quatro criaram juntos. Nenhum dos manuscritos apresenta suas caligrafias. Depois que Emily e Anne se afastaram, Charlotte e Branwell continuaram a escrever em conjunto, expandindo o Império da Cidade de Cristal em um novo reino, chamado Angria. Eescreveram narrativas em dupla até 1839, respondendo às histórias que o outro produzia. Em 1839, Charlotte escreveu seu último manuscrito da saga, "Farewell to Angria" [Adeus a Angria], despedindo-se do mundo de fantasia e dedicando-se a novas venturas literárias. Branwell continuou a escrever os contos de Angria e poesia, até morrer em 1848.

Como se pode deduzir dessa cronologia sucinta, a juvenília é praticamente um universo paralelo à vida dos irmãos. Os enredos, personagens e cenários podem ser reconhecidos como alterações do passado. Por exemplo, o Duque de Wellington e Napoleão estão na saga, transmutando gradualmente para o byroniano Duque de Zamorna, rei de Angria, e o demoníaco Alexander Percy, primeiro-ministro de Angria. Os irmãos traziam sua consciência histórica para dentro das narrativas, usando livros populares e jornais diários que eram incluídos nos contos. Apesar dessa base erudita, no entanto, o propósito da saga não era refletir o mundo em volta. Era um exercício de escapismo, em que os limites do universo poderiam ser testados, e as forças espirituais e os extremos das emoções humanas seriam explorados em toda a sua extensão.

Charlotte e Branwell produziram a maioria dos manuscritos em letras diminutas, quase ilegíveis a olho nu. Alguns dos primeiros escritos imitavam as revistas da época, criando periódicos em miniatura — incluindo ilustrações, poemas e diálogos — de sacos de batata. Outras histórias completas seriam escritas normalmente, mas ainda em letras reduzidas. Mas, por que o segredo?

Para ponderar sobre esta questão, devemos lembrar a situação dos irmãos. O pai era um pároco respeitável, que, convenientemente para eles, enxergava mal. As histórias, que incluíam temas adultos e conteúdo explícito — sexo, guerra e violência —, nunca foram escritas para serem lidas por ninguém, mas mantidas restritas à oficina literária. Embora o pai tenha sido um tanto ingênuo quanto ao conteúdo dessas histórias, ele os apoiava, abrindo a biblioteca para os filhos e encorajando-os a ler.

Charlotte em especial mostrou talento para criar personagens desde cedo. Enquanto o irmão, Branwell, investia seu tempo escrevendo épicos de guerra e discursos parlamentares, Charlotte se interessava em explorar a psicologia e os relacionamentos entre os personagens da Cidade de Cristal e de Angria. As histórias são conduzidas pelos personagens, e fica claro que durante a década de 1830 ela se envolveu emocionalmente com este mundo de fantasia que ficou ligado ao seu próprio ser. No *Roe Head Journal* [Diários de Roe Head], cujos textos foram escritos durante o período em que trabalhou como professora-assistente na escola para moças da Srta. Wooler, Charlotte confessou que preferia a companhia dos amigos imaginários a se relacionar com o mundo real à sua volta.

> *É isso o que desperta meu espírito e absorve todos os meus sentimentos, todas as minhas energias que não são meramente mecânicas, e como Haworth e meu lar despertam sensações que estão dormentes em outra parte. Ontem à noite me apoiei nas asas de uma tempestade tão intensa como raramente ouvi soprar, e isso me fez girar como o descampado no deserto por cinco segundos de êxtase — e quando me sentei sozinha na sala de jantar, enquanto todos tomavam chá, o transe pareceu descer de forma repentina, e de fato meus pés percorreram as margens do Calabar (...) Fui até o muro do palácio até a linha de arcos de treliça que fulgia sob a luz, passando rápido como um pensamento, eu olhei aquilo que a luz interna revelava através do cristal; havia uma sala forrada de espelhos, com lâmpadas em tripés e bastante decorados [?] e esplêndidos sofás e tapetes e grandes vasos semitranslúcidos, brancos como a neve, densamente estampados com relevos ainda mais alvos e um grande quadro em uma moldura de enorme beleza representando um jovem [Zamorna], cujas lindas e reluzentes madeixas pareciam tremular com a sua respiração.*

A paixão de Charlotte é nítida, e não conseguimos deixar de ser transportados por ela. Charlotte conseguia mesclar muito facilmente fantasia e realidade, passando sem esforço a sonhar acordada. Talvez este seja o motivo para ter posto um fim à relação com esse mundo de fantasia. Mas, no final da década de 1830, enquanto Branwell começava a descer em constante embriaguez, Charlotte decidiu abandonar a fantasia e trabalhar em textos que pudessem ser publicados. Na verdade, ela tinha medo de enlouquecer, então se despediu de seus personagens, cenários e temas. Charlotte imaginava aquele belo reino em "cada tipo de sombra e luz que a manhã, tarde e noite — o nascente, o meridiano e o pôr do sol — podem lançar sobre eles",[1] e escreveu sobre a dor que a afligiu ao se separar de seus "amigos" e aventurar-se por terras desconhecidas: "Sinto-me como se estivesse à porta de casa, me despedindo de seus moradores".[2]

É neste ponto que acreditamos que Charlotte tenha retornado a Haworth, trocando a exótica paisagem africana pela inspiração literária mais próxima ao seu lar. Pensem, por exemplo, em Thornfield de *Jane Eyre* e em Spen Valley de *Shirley*. O que pensávamos saber até então estava, no entanto, incorreto. Este novo manuscrito da juvenília mostra pela primeira vez que Charlotte convidou seu reino imaginário a vir até a sua vila, hospedando os personagens metropolitanos e obscenos em seu território.

JUNHO 1833: UM TEMPO DE MUDANÇA E EXPERIMENTAÇÃO

Longe de estar isolada do mundo exterior, a pequena vila de Haworth estava se tornando um lugar de mudança social e religiosa, com um afluxo de novas ideias tanto culturais quanto políticas. Branwell tornou-se aluno do retratista William Robinson, e o Reverendo Patrick Brontë entrou para o Keighley Mechanics Institute, ganhando acesso às palestras, à biblioteca e à sala de leitura. A sociedade da região vinha passando por grandes convulsões à medida que novas leis operárias restringiam as horas de trabalho infantil nas fábricas locais. As condições religiosas do país também estavam mudando. O Movimento de Oxford assistiu ao início de um retorno católico dentro da Igreja Anglicana e sua filosofia tractariana[3] vinha sendo publicada. Ao mesmo

---

1 "Farewell to Angria". Veja *Tales of Glass Town, Angria and Gondal*, de Christine Alexander, p. 314.
2 Ibid.
3 Os tractarianos reafirmavam que a Igreja Anglicana, apesar da reforma, mantivera a essência de sua catolicidade (episcopado, credos, sacramentos, etc.), herdando as tradições da Igreja Celta que se estabelecera nas Ilhas Britânicas, independentemente de Roma, até o século VII. O nome se refere aos "Tratados dos Tempos", escritos por doze autores, entre 1833 e 1841, entre eles, John Newman e Edward Pusey, que defendem a autonomia da igreja em relação ao rei. (N. da T.)

tempo, o Rev. Brontë lutava para negociar as relações entre a Igreja Estabelecida e os Dissidentes, e os fundos para Auxiliar da Sociedade da Bíblia sofreram.

Nos mundos fantasiosos dos irmãos Brontë, 1833 foi um ano significativo. Enquanto Emily e Anne se ocupavam para criar Gondal, Branwell e Charlotte expandiam a saga da Cidade de Cristal. Branwell passou grande parte do ano desenvolvendo o personagem, Alexander Percy, em contos como "The Pirate" [O Pirata] e "Real Life in Verdopolis" [A verdadeira vida em Verdópolis], e explorando as alianças políticas e sociais da saga em contos como "The Politics of Verdopolis" [A política de Verdópolis]. Charlotte respondeu aos escritos de Branwell usando as mudanças que ele havia introduzido como plataforma para os seus próprios acontecimentos, e para os relacionamentos entre seus personagens. Eles trabalhavam em harmonia: a motivação compartilhada e a consciência criativa praticamente antecipam a evolução climática do reino para Angria no ano seguinte.

Embora em 1831 e 1832 Charlotte tenha escrito muito pouco enquanto trabalhava como professora-assistente na Escola Roe Head, em 1833, seus talentos voltaram a florescer. Em fevereiro, escreveu "The African Queen's Lament" [O lamento da rainha africana], um poema sobre o trágico destino da mãe de Quashia Quamina, a rainha axânti. Em maio, escreveu "Something about Arthur" [Algo sobre Arthur], um conto sobre apostas em cavalos, ataques a fábricas e o relacionamento florescente entre o Marquês de Douro, de quinze anos (mais tarde, Zamorna) e Mina Laury, que mais tarde se tornaria sua amante. Durante o mês de junho, Charlotte escreveu seu conto conhecido mais complexo, "The Foundling" [A Criança Abandonada], que mistura a história da Cidade de Cristal com a saga desenvolvida pelos irmãos. O protagonista do conto, Edward Sydney, descobre sua verdadeira identidade como Príncipe Edward de York, filho do Duque de York, que, junto com onze homens, navegou da Inglaterra para colonizar a Cidade de Cristal. Depois desse conto, Charlotte acelerou a escrita, produzindo alguns dos seus melhores contos juvenis: "The Green Dwarf" [O Anão Verde], a coleção "Arthuriana", "The Secret" [O Segredo] e "Lily Hart". O conto "A Visão", escrito em outubro de 1833, nunca foi encontrado, embora deva apresentar a mesma atenção aos detalhes como nos outros contos.

Não é surpresa, então, que tenha sido descoberto um novo conto juvenil desse período produtivo da carreira literária de Charlotte. A história é emocionante, indecente e ousada, seguindo um tropo em literatura popular que Charlotte e Branwell leram e adaptaram: os romances "garfo de prata".[4] O gênero teve grande popularidade entre as décadas de 1820 e 1840, e principalmente se preocupava com os hábitos e escândalos da elite, que pareciam emocionantes e chocantes para a classe média respeitável emergente. A relação entre a juvenília dos Brontë e os romances "garfo de prata" foi explorada por inúmeros acadêmicos como Glen, Nyborg e Wagner.[5] Eles devem ter lido as obras populares da época, como *Pelham or The Adventures of a Gentleman* [Pelham ou As Aventuras de um Cavalheiro], de Edward Bulwer Lytton, de 1828, que continha cenas violentas com lutas e duelos. Essa influência é especialmente sentida nos contos de Charlotte de 1833: "Something about Arthur" [Algo sobre Arthur] e "The Post Office" [A Agência dos Correios], por exemplo, apresenta lutadores, bêbados e cenas libertinas. "A Agência dos Correios" descreve uma grande festa na casa do Sr. Bellingham, um rico banqueiro, onde "estranhos rapazes", a classe mais baixa da Cidade de Cristal, invadem o evento lascivo, deixando um rastro de caos, encharcado em álcool — "Vidros e porcelanas estilhaçados, vinho derramado, doces esmigalhados e amassados, móveis quebrados e tapetes rasgados".[6]

Branwell também sofreu a influência desse gênero nos escritos de 1833. Por exemplo, em "Brushwood Hall" — um conto curto dentro de sua obra maior *The Monthly Intelligencer* —, Alexander Percy, conhecido como "Rogue", e a mulher, Zenóbia, oferecem uma festa, que termina com uma briga, em que "uma longa fila de combatentes de rostos escuros, narizes sangrando, [olhos] vazados [e] casacos rasgados marchou atrás de seus soberanos vestidos de seda até [a sala de] jantar".[7]

---

4   Romances de garfo de prata ou romances da moda. (N. da T.)
5   Veja a "Introdução" de Heather Glen em *Tales from Angria* (2006), e os ensaios de Erin Nyborg e Tamara Silvia Wagner em *Charlotte Brontë from the Beginnings* (2016).
6   EEW II 1991, p. 215.
7   WPBB I 1997, p. 253.

Zenóbia, mulher de Alexander Percy, personagem fictício de Branwell.

É claro que ambos os irmãos sentiam um imenso prazer em denegrir a reputação dos personagens aristocráticos dentro da segurança de seu ambiente doméstico.

Seguindo a mesma linha, o manuscrito recém-descoberto se preocupa com os vícios das classes mais altas. O personagem escolhido por Charlotte, Lorde Charles Wellesley, é o aristocrático irmão mais novo do Duque de Zamorna, o rei e herói da saga. Embora este personagem se pareça como a inspiração perfeita para um romance "garfo de prata", a representação de Charles feita por Charlotte como bêbado obsceno é, de fato, inusitada. Em geral, ela o apresenta como um espectador, espionando as excentricidades escandalosas do irmão e denunciando-as. É interessante, então, que Charlotte tenha escolhido uma aventura dele sozinho em Haworth como oportunidade para Charles se divertir com as mesmas excentricidades que costumava criticar. Ainda mais interessante é o nome que Charlotte escolhe para ele. Embora seja inicialmente apresentado como Lorde C.

A folha de rosto de "The Young Men's Magazine", escrita por Charlotte em agosto de 1830, em que figura seu herói, Lorde Charles Wellesley.

Wellesley, depois passa a se apresentar como Charles Townshend. Essa tendência de renomear e de reescrever personagens não é desconhecida na juvenília dos Brontë, embora o momento aqui seja significativo.

Nos escritos de Charlotte entre 1829 e 1837, Charles é descrito como um jovem irritante, embora seja um irmão caçula observador, tentando pegar o irmão mais velho em um jogo de gato e rato de rixa entre irmãos. Christine Alexander, pesquisadora dos Brontë, notou que Charlotte em geral lutava para compensar a pouca idade de Charles com atitudes corteses e satíricas.[8] Embora no conto "Passing Events" [Eventos de passagem], escrito em 1837, Charlotte rebatize Charles Wellesley como Charles Townshend, agora um dândi de vinte anos de idade, cujas críticas se dirigem ao círculo social do irmão em vez de se focalizarem nele. Estranho que este personagem reinventado apareça no novo manuscrito quatro anos antes de sua suposta primeira aparição.

Neste ponto tão precoce de sua carreira literária, fica claro que aos dezessete anos Charlotte já demonstra sinais da maturidade que

---

8   Veja Christine Alexander e Margaret Smith, *Oxford Companion to the Brontës*, p. 533.

aparecem nos manuscritos de juvenília posterior e em suas obras adultas. Ela estuda com cuidado a personalidade de seu personagem dentro da saga, usando a liberdade de seu mundo para libertá-lo dos grilhões da identidade anterior, e explorar como desenvolver seu papel. O novo manuscrito pode ser visto como um experimento para esta reinvenção.

HAWORTH E SEUS MORADORES

Era uma característica dos irmãos se inspirar na literatura, em pessoas e fatos da vida real para colocar na juvenília, mas este é o primeiro manuscrito em que a Cidade de Cristal e Haworth se fundem. Comecemos pelo cenário. A história se inicia com Charles chegando a Haworth vindo de Londres. Para os jovens Brontë, Londres era uma metrópole fascinante, habitada por homens aristocráticos e eminentes, como o Duque de Wellington. O mundo da Cidade de Cristal, especificamente cidades como Verdópolis, era parcialmente modelado em sua arquitetura, incluindo os amplos parques e a população frenética. Portanto, não é um salto tão grande para o Lorde de Charlotte chegar de um lugar conhecido e real. Para os Brontë, Londres era tanto um sonho escapista quanto seus reinos imaginários.

Londres não é, no entanto, o cenário principal desta história. Somos transportados muito rapidamente para um lugar familiar: Haworth, especificamente o Black Bull. O "Bull" era uma das tabernas e casas de bebida principais de Haworth. Era a cervejaria preferida de Branwell na vila, e ele era conhecido tanto pelos atendentes quanto pelos proprietários. Este refúgio seguro que contribuiria para sua ruína alcoólica tornou-se parte do conto de Charlotte.

Contos sobre o que acontecia no Black Bull já entraram para a história, incluindo quando Branwell e outros moradores da vila prenderam temporariamente arruaceiros luditas[9] na taberna após estes terem sabotado as máquinas de tecelagem das indústrias vizinhas.

---

9 Os luditas, ou ludistas, faziam parte de um movimento de trabalhadores ingleses do ramo da fiação e da tecelagem, chamado ludismo, ativo no início do século XIX, nos primórdios da Revolução Industrial, que se notabilizou pela destruição de máquinas como forma de protesto. O termo deriva de Ned Ludd, personagem fictício criado para difundir o movimento entre os trabalhadores. (N. da T.)

Também se tem o registro de que, no século XVIII, o Reverendo William Grimshaw entrava de surpresa no pub e chicoteava os bebedores regulares levando-os para a igreja. Até 1833, ano deste manuscrito, os encontros da Casa Maçônica Três Graças eram realizados nesse prédio de arenito. Mais tarde, Branwell se tornaria um membro em 1836; o avental maçom, cheio de imagens franco-maçônicas emblemáticas, faz parte de uma coleção particular recentemente cedida ao Brontë Parsonage Museum. A partir dessas histórias, constata-se que o Black Bull se tornara um símbolo icônico da decadência, indecência e frivolidade. Sem dúvida, as inúmeras histórias e a visão de seus frequentadores embriagados teriam enchido a mente de Charlotte quando ela se refere ao local onde "ele tinha o prazer de fornecer tanta bebida quanto eles conseguissem beber, e depois testemunhar e por vezes participar

Black Bull em Haworth, a taberna frequentada por Branwell, fotografada em 1856.

O avental maçônico, pintado por Branwell quando era membro da Loja de Haworth.
Empréstimo de Nigel Thomas Carlton da família Thomas.

das discussões que surgiam por causa da embriaguez". Era o cenário perfeito para se misturar e assumir o comportamento escandaloso da "ralé", ou dos "estranhos rapazes" e aristocratas perversos.

A parte principal do conto está voltado para Charles e Sr. Robert Thing, um personagem desconhecido, que aterrorizam os moradores de Haworth, e se apresentam como metodistas ou dissidentes. Como se sabe, o Sr. Brontë tinha um relacionamento problemático com essa vertente divisionista do cristianismo, especialmente em 1833, quando as rebeliões ocorriam com frequência na região. Charlotte, como Branwell em seus textos sobre Cidade de Cristal,[10]

---

10 Veja, por exemplo, os últimos escritos mais longos de Branwell: *And the Weary are at Rest* [E os exaustos descansaram] (1845).

tratava o metodismo com um pouco de sátira, embora isso também gerasse ansiedade para ela da mesma forma que para seu pai. O próprio nome, Charles Wellesley, se assemelha ao do fundador do metodismo, Wesley. Charles Wesley, irmão do fundador, John Wesley, um dos primeiros membros dessa vertente, contribuiu para a causa do irmão, fazendo pregações e compondo hinos. Os hinos são ridicularizados em *Shirley*, romance de Charlotte de 1849, com a narradora fingindo-se surpresa ao ver que o telhado da igreja metodista não saía voando com os gritos frenéticos dos crentes.

Neste manuscrito recém-descoberto, Charles é apresentado como um farsante, junto com Thing, descrito como um irmão, talvez se referindo e imitando o fundador, John. Juntos, pregam e desviam dinheiro, refletindo a desconfiança e o desconforto de Charlotte em relação ao metodismo. Embora difira de várias formas, o tom e os temas do manuscrito fazem lembrar um conto anterior de Charlotte, "An Interesting Passage in the Lives of Some Eminent Men of the Present Time" [Uma Passagem Interessante das Vidas de Alguns Homens Eminentes do Presente] (1830). Este conto fantástico revela um roubo escandaloso de livros de uma biblioteca pela sociedade literária da Cidade de Cristal, armazenados em caixões em um grande túmulo no cemitério. Neste manuscrito, no entanto, os livros são o dinheiro, e a literatura é a religião.

A parte final do manuscrito introduz uma série de novos personagens, mas pela primeira vez estes não são os amigos imaginários de Charlotte, e sim os reais moradores de Haworth, metamorfoseados dentro da saga da jovem escritora. Winterbottom — ou Winterbot[h]am — era o ministro da Capela Batista de West Lane. Embora ele tenha colaborado com o Reverendo Patrick Brontë em muitos projetos da vila, era um opositor ferrenho em alguns assuntos, como os dízimos da igreja. Em 1834, Patrick escreveria sobre seu desgosto em relação à oposição que recebera do jornal local, *Leeds Intellingencer*.

Os nomes [W] Foster, [William] Hartley e [John, W. C.] Greenwood também eram familiares em Haworth, e todos eles membros da sociedade franco-maçônica da Casa Três Graças. Hartley era o sobrenome de várias famílias da vila: James Hartley foi o primeiro ministro da

A Capela Metodista em Haworth: a capela metodista wesleyana original do Reverendo William Grimshaw foi substituída por esta construção em 1846. Tinha capacidade para seiscentas e cinquenta pessoas, e foi ampliada mais tarde, em 1853.

Capela Batista de West Lane, em Haworth: este edifício data de 1845 — a primeira capela batista em Haworth foi fundada em 1752.

A Fábrica Bridgehouse, uma das dez tecelagens da região de Haworth em 1820.

Igreja Batista de West Lane, em 1752, Joseph Hartley tinha um açougue e, coincidentemente, um Samuel Hartley foi morto no ataque à Fábrica Rawfold, em Cleckheaton, durante as rebeliões luditas em 1812. No romance posterior, *Shirley*, o sobrenome Hartley é revivido e reimaginado como do tecelão antinomiano[11], Michael Hartley. Delirando com religião, bebidas e política, ele tenta matar o herói do romance de Charlotte, Robert Moore.

 Greenwood era outro sobrenome entre as famílias proeminentes de Haworth, de tal forma que listar a genealogia familiar e suas subdivisões seria um capítulo à parte. Portanto é provável que o James Greenwood, Esq. do manuscrito se refira aos Greenwood de Bridgehouse, a família industrial mais antiga e importante da vila. O velho James Greenwood viveu entre 1763 e 1824; com sua morte, deixou a fábrica para seus filhos, o mais velho e o mais novo, John (1784-1833) e James Jr. (1793-1857). James Jr. e a família eram batistas praticantes

---

[11] Antinomiano: palavra cunhada por Lutero para se referir aos que se opunham à lei de Deus, sendo salvos apenas pela sua fé. No século XVIII, John Wesley, fundador da Igreja Metodista atacava o antinomianismo. (N. da T.)

e estavam no centro da Dissidência que ocorreu na década de 1830. Faz sentido, portanto, que Charlotte o escolhesse como outro alvo não conformista em seu conto.

O nome do Sr. Robson pode ser uma variação do sobrenome Roberson, reverendo e amigo do Rev. Brontë conhecido por ter enfrentado uma manifestação ludita na Fábrica Rawfold com uma espada. Charlotte depois o imortalizaria como o militante Reverendo Helstone em *Shirley*. Por fim, o Sr. Sunderland, baseado em Abraham Sunderland, o organista de Keighley que deu aulas de música aos irmãos Brontë a partir do final de 1833, parece ter sido pego no fogo cruzado satírico. Charlotte termina o manuscrito com ele assustado e "temporariamente insano".[12]

Esta referência psicológica é em si mesma importante, pois reforça a fascinação e curiosidade de Charlotte quanto à mente humana, a traumas e lapsos temporários de realidade.[13] Lembre, por exemplo, do soldado de Angria, Henry Hastings. Charlotte o escolheu como personagem do último conto, explorando a degeneração do poeta nacional e soldado do exército de Angria em desertor bêbado, cujos "nervos estavam abalados" pelos terrores da guerra. Lembre também de sua versão ficcional de Napoleão em "The Green Dwarf" [O ano verde], que, depois de admitir a terrível realidade de suas ações, cai em um estado de catalepsia[14] temporária. O último conto, escrito em setembro do mesmo ano, indica que Charlotte continuou a se interessar sobre a loucura ao longo daquele ano, e a inspirou a expandir os personagens masculinos frágeis e instáveis.

Em um curto manuscrito, Charlotte nos apresenta a uma longa lista de personagens, alguns reconhecíveis, outros não. A maioria são Dissidentes ou hiperbólicos, histéricos, um tanto cômicos, de certa forma

---

12 Esta não é a última vez que encontramos Sunderland na juvenília. Nos contos de Angria posteriores de Charlotte, ele é reimaginado como Sudbury Figgs, amigo do professor de música de Zamorna, o Sr. John Greenwood. Este Greenwood é outro candidato à influência de Greenwood no manuscrito: na vida real, ele é o famoso organista de Leeds.

13 Lembremos as personagens femininas dos seus livros publicados posteriormente: Lucy Snowe e Bertha Mason. Em *Villette*, Lucy sofre um sério lapso de realidade temporário quando é deixada no Pensionato Heger durante um longo verão, e vaga pelas ruas emocionalmente abalada. Em *Jane Eyre*, Bertha, a esposa louca do Sr. Rochester, sofre sérios ataques de angústia mental violenta em um ciclo, talvez, como argumentaram as críticas feministas, como uma forma de abordar a instabilidade física das mulheres durante a menstruação.

14 Catalepsia é uma forma de choque, em que a pessoa fica imobilizada e rígida, como em um transe.

ligados à igreja. Alguns nos são familiares como futuras reencarnações — grande parte deste manuscrito prefigura a sátira e a crítica contida em *Shirley*. Outras partes nos lembram de outros contos juvenis: pequenas narrativas anteriores, ou personagens que reaparecerão de outro modo em contos posteriores de Angria escritos por Charlotte e Branwell.

O que este manuscrito fornece individualmente, no entanto, é o cenário. Ao trazer o mundo de fantasia até Haworth, temos uma visão clara de Charlotte se relacionando, mesmo que ofensivamente, com sua comunidade. Também percebemos que o mundo dos irmãos, construído em algum lugar na exótica costa africana, não está muito distante das suas raízes em Yorkshire. Mais do que nunca, vemos como os fatos e os personagens da comunidade local moldam as histórias, e percebemos que o reino era uma paisagem imaginária onde os irmãos podiam explorar os aspectos políticos, religiosos e até os lugares da infância: não apenas um exercício de jogos e escapismo; era uma plataforma pela qual podiam compreender e criticar o mundo à sua volta.

CHARLOTTE E SUA SEDE DE VIOLÊNCIA

Os escritos de Charlotte Brontë transgridem os limites normativos do século XIX. Os livros famosos, como *Jane Eyre* e *Villette*, foram ambos tanto criticados quanto elogiados por tratar de sexo, violência, loucura e vícios. Pense, por exemplo, na problemática Bertha Mason em *Jane Eyre*, que incorpora todas as características negativas que têm o potencial de transformar uma mulher em uma pessoa monstruosa: ela é furiosa, sedutora, passional e primitiva. Mesmo o relacionamento principal do livro, entre Jane e Rochester, foi interpretado por alguns estudiosos como um tipo de diálogo sadomasoquista baseado no relacionamento entre senhor e criada.[15]

As obras publicadas por Charlotte foram um modo de domar sua imaginação; muito embora esses textos tenham aumentado a ansiedade dos leitores britânicos. Currer Bell, para muitos, era um escritor com valores perigosos, indisciplinados e não cristãos. Imagine, então, se

---

[15] Veja, por exemplo, *Understanding Pornographic Fiction* (2016), de Charles Bussbaum, e o ensaio de Louisa Yates, 'Leitor, eu o [estuprei, espanquei, chicoteei, f***, reescrevi]' em *Charlotte Brontë: Legacies and Afterlives* (2017), de Amber Regis e Deborah Wynne.

este mesmo público tivesse lido sua juvenília. Dentro do seu universo particular, nenhum problema social ou tabu vitoriano era proibido: de pronto, estes incluem sedução, amantes, filhos ilegítimos, relações homossociais, alcoolismo, violência, guerra — e a lista continua. Este novo manuscrito apenas acrescenta à coleção de juvenília o eu desinibido de Charlotte derramando-se sem remorso sobre a página. A fusão entre a Cidade de Cristal e Haworth traz à superfície seu lado jocoso e travesso, embora dentro do breve conto ela nos forneça uma quantidade de vícios em forma de violência, alcoolismo e loucura. Como isso se encaixa com o restante de sua juvenília — e o que nos revela sobre esse lado selvagem de Charlotte?

Existe violência de muitas formas na juvenília dos Brontë. Os épicos de guerra de Branwell, como "A Historical Narrative of Enchoachment and Aggression" [Uma Narrativa Histórica sobre Usurpação e Agressão] (1833-34), nos trazem um derramamento de sangue sem fim: cabeças cortadas, corpos queimados e dependurados, olhos arrancados. Isso não quer dizer que a violência esteja reservada apenas para os soldados da saga. Charlotte transferiu os horrores do combate para a esfera doméstica, enchendo as casas de campo e as salas de estar com os mesmos homens destemperados que trocavam socos nos campos de batalha.

Um dos seus primeiros contos violentos envolve especificamente o herói deste recém-descoberto manuscrito, Charles Wellesley. Charlotte escreveu "A Day at Parry's Palace" [Um Dia no Palácio de Parry] (1830) aos catorze anos. O conto começa com Charles visitando a Terra de Parry, uma das muitas províncias da saga da Cidade de Cristal. Aqui, Charles faz uma visita ao palácio do Capitão Parry. Ao entrar, é recebido por todos que estão na casa. Em seguida, no entanto, é deixado em companhia de uma criança. Quando o menino ri dele, Charles se irrita:

> (...)*pegando o atiçador, derrubei-o no chão. Ele gritou de forma terrível, mas isso só aumentou minha raiva. Chutei-o várias vezes e bati sua cabeça no chão, para poder atordoá-lo. Não funcionou. Ele apenas gritava cada vez mais alto.*[16]

---

16 Christine Alexander, *Tales of Glass Town, Angria and Gondal* (2010), pp. 41-2.

Esta cena violenta é explícita e chocante. O que a torna mais chocante é o fato de o conto ter sido escrito por uma moça, do ponto de vista de um homem adulto, com a violência dirigida a uma criança. Charlotte, como sabemos, estava habituada a ceder ao lado negro da sua imaginação. Isso nos encoraja a ler o novo manuscrito como uma de suas histórias juvenis cruas e desenfreadas: a linguagem explícita e o conteúdo de Charlotte não eram novos. Como a criança no Palácio de Parry, as pessoas são arrastadas, espancadas e humilhadas: há um tipo de prazer sádico imbuído de forma latente nessas linhas.

A sede de violência de Charlotte, no entanto, ainda vai além. De modo regular, em todos os contos de sua juvenília mais antiga ela satisfaz as fantasias com um tipo específico de violência: o açoitamento. Em "Uma Passagem Interessante das Vidas de Alguns Homens Eminentes do Presente" (1830), um personagem menor, Bobadil, baseado em um personagem de uma peça renascentista de Ben Jonson, *Every Man in His Humour* [Cada Homem tem seu Humor] (1598), é castigado com o chicote de Hume Badey, o médico da Cidade de Cristal — e o verdadeiro médico do Duque de Wellington:

> *General Bobadill: Se lhe agrada saber, meu senhor, Sir Alexander Hume Badey, da forma mais insolente, me chicoteou enquanto eu cumpria meu dever.*
> *Duque de Wellington: Bem, saber disso certamente me agrada, Bobadill.*[17]

Há uma formalidade prática nesta admissão, embora também haja conotações sexuais implícitas na dicotomia entre açoitamento e prazer. Isto é apenas enfatizado em outros manuscritos que apresentam o Duque de Wellington — o ídolo de Charlotte — e seu filho, o Duque de Zamorna — a paixão de Charlotte —, repetindo esta mesma cena de açoitamento/prazer. Em "Military Conversations" [Conversas Militares] (1829), o Duque de Wellington ordena que o bêbado Alexander Hume Badey, o chicoteador do manuscrito anterior, seja levado para o "triângulo", suporte onde o soldado era amarrado para ser açoitado.

---

17 *EEW I* 1987, p. 185.

Além disso, a mistura de violência e sexualidade é revelada pelo nome de boxeador de Zamorna. Embora, no início do século XIX, fosse comum entre os pugilistas receber nomes com conotações indecentes, como Jem Belcher, Tom Tring e Ikey Pig,[18] Charlotte dá a seu campeão vários nomes em que se identifica facilmente o duplo sentido: The Swashing Swell [Inchaço Intumescido], Young Wildblood [Jovem Sangue Selvagem] e Handsome Spanker [Belo Espancador].

Este manuscrito é, de novo, outra história de uma longa série de textos que se referem a temas familiares e de certa forma picantes. O Sr. John Hartley é publicamente açoitado na rua, como Bobadil ou Hume Badey. Este texto sobre a punição e a humilhação de homens é chocante, mas de algum modo segue as fantasias e os pensamentos pessoais e rebeldes de uma moça durante a puberdade, que teria sido exposta aos ideais e às expectativas de conduzir uma vida devotada a Deus. O que este exemplo acrescenta a esta narrativa sexual, no entanto, é que as fantasias de Charlotte não estavam apenas reservadas a personagens "eminentes" e um tanto míticos de sua vida, mas também aos cidadãos da vila com quem ela e a família interagiam diariamente.

O VALOR DA DESCOBERTA

A descoberta de "Uma visita a Haworth" é um acréscimo relevante à biblioteca coletiva dos Brontë, e tem um significado duplo nos estudos bronteanos. Primeiro, é uma rara visão do relacionamento de Charlotte com os moradores de Haworth; e segundo, também consolida o interesse e a participação de Charlotte em temas extremos e violentos que aparecem ao longo de sua juvenília e nas obras publicadas posteriormente. Pela primeira vez, o lar físico e o mental — Haworth e a Cidade de Cristal — se encontram e, por meio desse encontro, ganhamos uma visão explosiva dos elementos mais obscuros que estão amadurecendo na imaginação de Charlotte.

---

18 Nomes tirados de periódicos de pugilismo populares da época, como *Bell's Life in London*.

CRISTAIS PARTIDOS

Sarah E. Maier

Rapazes, sede de sangue e beleza
na juvenília de Charlotte Brontë

Ler a juvenília de Charlotte Brontë é uma surpresa para aqueles que apenas conhecem seus romances; heróis byronianos engajados em uma luta pela supremacia como machos-alfa, irmãos ciumentos cinicamente aguardando os resultados, e mulheres inteligentes e leais jogadas como peões no reino da Cidade de Cristal na Costa Ocidental da África são, no mínimo, inesperados nos escritos enérgicos de sua juventude.

Recuperar o livro de Henry Kirke White que pertenceu à mãe de Charlotte, com trechos inseridos de prosa e poesia, cercado por histórias de um naufrágio, são achados novos importantes para os estudos bronteanos. Este ensaio analisa como Charlotte constrói e mobiliza as masculinidades que ela cria e incorpora por meio de uma série de personas masculinas em relação à sede de sangue, rapazes e beleza, bem como a forma como os utiliza nos novos fragmentos da Cidade de Cristal.

Dra. Sarah E. Maier é professora de inglês e literatura comparada. Sarah publicou estudos sobre J. M. Barrie, E. D'Arcy, G. Eliot, T. Hardy, J. K. Rowling, B. Stoker, entre outros. Para os bicentenários, ela está debruçada sobre a obra dos Brontë, mas outros interesses de pesquisa incluem Louisa May Alcott, Marie Corelli, os neovitorianos, loucura, e ficções escritas por crianças e jovens adultos. Foi designada como Estudiosa de Ensino da Universidade.

Há somente uma pessoa cruzando agora — uma dama. Não escreverei seu nome, embora eu saiba qual é. Não há uma história ligada à sua identidade. Ela não é um dos seres transcendentalmente justos e inacessivelmente sagrados, cujos destinos estejam entrelaçados aos mais elevados...

Charlotte Brontë, *Roe Head Journal*

Muito antes de Currer Bell ter revelado sua verdadeira identidade como Charlotte Brontë, ela havia cocriado grande parte da juvenília das sagas da Cidade de Cristal e Angria com o irmão, Branwell. Nas histórias que se passam Costa Ocidental africana, ela assume um alterego masculino no lugar do autor, Lorde Charles Wellesley. Ele observa de forma perspicaz o irmão mais velho, o byroniano Duque de Zamorna, então uma criança reservada e testemunha de um mundo imaginário, sensível, frágil e furioso.

A mania de escrever, ou a escribomania da juvenília que exercita o "poder de criatividade até a beira da insanidade" dos irmãos Brontë (Gaskell, 1997 398) agora tem acréscimos emocionantes à narrativa com o recém-descoberto fragmento de Charlotte Brontë — um breve episódio em prosa e o esboço de um poema — encontrados no exemplar de *The Remains of Henry Kirke White* (1810), que pertenceu à sua mãe, Maria Brontë. Este volume de poesia do famoso e jovem autor, Henry Kirke White, foi publicado postumamente ao ser homenageado como modelo para os "jovens poetas que vierem depois dele", incluindo o grande escritor romântico George Gordon, Lorde Byron.[1] Ocorre uma interessante sincronicidade entre a mãe de Charlotte possuir o livro, o pai ter conhecido o autor na época em que estudou em Cambridge, o acesso dos filhos a essa obra, que foi editada em dois volumes por Robert Southey, mais tarde um poeta laureado, e a publicação da quarta edição em 1810. Nos dois novos fragmentos da saga da Cidade de Cristal — um em prosa e outro de poesia —, Charlotte Brontë constrói e mobiliza as masculinidades que ela cria para problematizar o gênero em seus pensamentos sobre sede de sangue, e também como o sucesso masculino é ganho à custa de mulheres e beleza.

---

[1] De acordo com John Barnard, *Remains* "era sempre reimpresso. Em 1818, havia dez edições do livro" (390).

Para alguns leitores, a ideia de juvenília — "obras literárias ou artísticas produzidas durante a juventude do autor" — pode ter a mesma noção negativa e antiquada de literatura infantil, de não ser adequada para um estudo acadêmico rigoroso, porque as ideias ali contidas devem necessariamente ser imaturas ou subdesenvolvidas pelo escritor. O ponto importante é que o termo "juvenília" não é determinado como as definições oficiais de dicionário sugerem. Como as atitudes em relação à infância mudam, e à medida que os leitores, alunos e editores descobrem as ricas recompensas no campo da literatura juvenil, as conotações negativas do termo começam a escapar do controle dos autores canônicos do passado. Mas este é um processo lento, "especialmente desde que a definição tomou como base o critério biográfico de idade" de acordo com Christine Alexander, especialista nos Brontë. Ademais, quando o político e o social são "apropriados pelo autor infantil [isto] lhe permite experimentar o mundo adulto e ao mesmo tempo desafiar as ideologias que ele professa", o que é, de várias formas, "conquistado em parte por meio da proteção que a marginalização e a diferença permitem".

A presunção de que a infância seja sempre um momento inocente e protegido sem preocupações ou pensamentos adultos não foi um luxo concedido aos irmãos Brontë. Em 21 de abril de 1816, o Reverendo Patrick Brontë, nascido Brunty, do Condado de Down, Irlanda, e Maria Branwell, de Penzance, Cornualha, tiveram uma terceira filha, Charlotte, depois de Maria e Elizabeth. Catorze meses depois, Patrick Branwell juntou-se às irmãs, e Emily Jane e Anne completaram a família Brontë até 1820. O vicariato fora dado a seu pai um ano antes, e a cunhada, Elizabeth Branwell, uniu-se à família para cuidar da irmã, que, muito doente, sucumbiu ao câncer oito meses depois.

Estas não foram as últimas tragédias da jovem família. As irmãs mais velhas foram enviadas a uma escola para filhas de párocos em Cowan Bridge, Lancashire, mas, pouco depois de voltar para casa, Maria e, em seguida, Elizabeth, morreram de tuberculose. A juventude de Charlotte Brontë correu entre perdas familiares, confusão infantil e aprendizado precoce; há uma crise entre a necessidade urgente de Charlotte de expressar conhecimento ao mesmo tempo em que percebe, com muita angústia, que não tem voz, pelo menos naquele momento.[2]

Em 12 de março de 1829, em um de seus primeiros textos conhecidos, Charlotte Brontë explica que o catalisador para o início da saga da Cidade de Cristal foram, de fato, os brinquedos dados ao irmão, Branwell, em 5 de junho de 1826. A emoção das crianças é nítida na descrição de Charlotte:

> *Papai comprou para Branwell alguns soldados em Leeds. Quando papai chegou em casa era noite, e estávamos dormindo, e, na manhã seguinte, Branwell chegou à nossa porta com uma caixa de soldados. Emily e eu pulamos da cama, eu peguei um e exclamei: "Este é o Duque de Wellington! Ele será meu!" Quando eu disse isso, Emily também pegou um e afirmou que aquele seria o dela. Quando Anne desceu, também pegou um. O meu era o mais bonito de todos e inteiramente perfeito. O de Emily era um sujeito com ar sério. Nós o chamamos de "Gravey".[3] O de Anne era uma coisinha esquisita, muito parecido com ela. Seu nome passou a ser "Waiting Boy".[4] Branwell escolheu "Bonaparte".*

Embora as crianças tenham se apropriado dos soldadinhos, foi o potencial para criar narrativas e mundos para os homenzinhos que as fascinou. As brincadeiras de infância dos Brontë se desenvolveram em inúmeras narrativas literárias, incluindo histórias originais, contos românticos, jornais, periódicos, catálogos, lendas, discursos, anúncios, resenhas, novelas, poemas e fragmentos. As três primeiras histórias, "Young Men" [Jovens Rapazes] (junho de 1826), "Our Fellows" [Nossos Companheiros] (julho de 1827) e "Islanders" [Os Habitantes da Ilha] (dezembro de 1827), formam a base do "mundo subterrâneo" de Charlotte. Após a morte das irmãs mais velhas em 1825, Charlotte, Branwell, Emily e Anne começaram sua brincadeira literária e, em 1829, estabeleceram-se como irmãos escritores sérios — Charlotte com Branwell, e Emily com Anne — trabalhando em duplas

---

[2] O paradigma de Juliet McMaster para a epistemologia da criança (2005 52) se encaixa nesse mundo dos irmãos Brontë.
[3] "Sombrio" (N. da T.).
[4] "Menino de Recados" (N. da T.).

para criar os poderosos mundos da Cidade de Cristal, Angria e Gondal. Os pequenos Brontë (com dez, nove, oito e sete anos de idade, respectivamente) se metamorfoseiam para se transformar nos oniscientes e poderosos Gênios (Talli, Branni, Emmi e Anni) dessas aventuras na Costa Ocidental da África.

Em contraste com a escrita obsessivamente miúda e o tamanho diminuto dos "livrinhos" que haviam criado, o escopo e as complexidades desses textos juvenis demonstram que, longe de uma educação infantil padrão da época, estas crianças haviam imergido, por meio dos livros da biblioteca do pai, nos mundos mais amplos da literatura e da política. Patrick Brontë encorajava os filhos a se informar

Carta escrita por "UT". Isso significa "Us Two" [Nós Dois], Charlotte e Branwell, que juntos reclamavam contra a tirania dos quatro Gênios Chefes (os irmãos Brontë) em seu mundo de fantasia da Cidade de Cristal. A carta é endereçada ao editor do "Young Men's Magazine".

sobre as questões políticas do momento, ter opiniões bem fundamentadas e entrar nas discussões familiares que em geral terminavam em debates acalorados. À parte do interesse corrente pela Bíblia, seus ensinamentos e personagens,[5] ou o estudo da geografia mundial em *A Grammar of Geography* [Estudo de Geografia], do Reverendo J. Goldsmith, a leitura da família Brontë incluía de textos antigos a modernos, das *Fábulas* de Esopo, *As Mil e Uma Noites*, *Pilgrim's Progress* [O Peregrino],[6] de John Bunyan, a *Odisseia*, de Homero, *Paraíso Perdido*, de John Milton e a *Eneida*, de Virgílio, aos romances de Sir Walter Scott, bem como as obras românticas de Lorde Byron, Percy Bysshe Shelley, Robert Southey e William Wordsworth.

Além disso, há uma conexão com os novos fragmentos encontrados no *Remains*; Byron era um admirador de Kirke White, um ponto significativo, dada a admiração dos jovens da família Brontë por Byron e a influência em suas sagas. De acordo com a biógrafa Claire Harman:

> *Patrick Brontë parece não ter feito nenhuma tentativa de afastar Byron dos filhos, e os resultados foram bastante marcantes. Charlotte está tão familiarizada com as obras do ateu escandaloso aos dez anos de idade que ela as cita livremente em suas próprias histórias, e tanto ela quanto Branwell passaram a admirá-lo — por seu estilo, fanfarronice, inteligência e excessos sensuais.*

Essas influências permeiam os contos da Cidade de Cristal. Há uma mistura precoce de personagens reais e imaginários com comentários intelectuais, bem como conflitos bélicos, todos conduzindo a um poderio autoral em seu jogo narrativo. Discussões familiares sobre Napoleão Bonaparte, o Duque de Wellington e os muitos debates encontrados no *Blackwood's Edinburgh Magazine* ou no *Fraser's Magazine* têm vazão, entre outros, misturando-se à prosa em desenvolvimento dos irmãos. Sem dúvida, a escrita e a música dos românticos tinham um

---

[5] Christine Alexander, editora da juvenília, lembra-nos da importância da alusão bíblica na obra de Charlotte Brontë por ser "uma fonte fértil de imagens e inspiração para a jovem autora. As ações e as cores do Velho Testamento e as visões proféticas do Novo Testamento agradavam especialmente a imaginação pictórica de Charlotte. O mundo dos gênios deve tanto ao Apocalipse quanto *As mil e uma noites* e aos *Contos dos Gênios*" (1983 241).

[6] *O Peregrino: A Viagem do Cristão à Cidade Celestial*, um livro do pastor batista John Bunyan, publicado na Inglaterra em 1678, é uma alegoria da vida cristã. (N. da T.)

lugar acentuado em suas mentes e seus corações.⁷ Byron, John Keats e Shelley, todos leram Kirke White; de fato, como jovens escritores, eles o viam como um "paradigma de tudo o que a juventude poderia conquistar", da mesma forma que Thomas Chatterton, considerado pelos escritos juvenis que se encerraram prematuramente com seu suicídio aos dezessete anos.

A proximidade do livro de Kirke White entre os pertences da mãe, além de saber que White era apreciado pelos poetas românticos que eles admiravam, deve ter encorajado os irmãos Brontë a ler a obra de White, influenciando sobremaneira seus primeiros textos. Os escritores na tradição juvenil em geral "saúdam outros como eles para apreenderem por si mesmos a ontologia da juvenilidade — para falar do seu ponto de vista, mas que escritores mais velhos podem interpretar erroneamente, se apropriar, limitar ou negar". Além do mais, é melhor — em oposição às definições prévias que classificam a juvenília por idade — considerar que o que define um escritor juvenil não é sua idade até determinada época, mas, sim, como o autor se apresenta e como seus textos são recebidos. Ninguém duvidaria que os irmãos Brontë não tivessem ciência do mundo literário no qual intimatimente procuravam entrar.

Charlotte tinha plena consciência das dificuldades que a confrontavam como criança, menina e escritora com vários irmãos. Enquanto Kirke White escreve com orgulho no *Remains* que "o Autor sabe que [estes são] os esforços iniciais de um jovem" (II 5), Charlotte descarta os próprios esforços juvenis. Ela anseia participar da esfera literária, mas conhece as limitações que lhe são impostas pelo seu sexo e pela idade. Quando escreveu a Southey em busca de encorajamento — esperando que ele a ajudasse como ajudara Kirke White —, em vez disso, rejeitou sua ambição ao lhe responder em carta de 23 de março de 1837, dando sua opinião: "Há um perigo do qual eu, com toda a bondade e seriedade, gostaria de preveni-la. Os idílios a que você habitualmente se entrega tendem a induzir a um estado

---

7   Além das leituras dos Brontë dos poetas e ensaístas românticos, Emily Brontë preferia a música contemporânea do período, o que incluía tocar peças de Ludwig van Beethoven.

Retrato de Elley Nussey, feito por Charlotte, conhecida como sua amiga de vida inteira.

mental de indiferença (...) A literatura não pode ser o trabalho da vida de uma mulher, e não deve ser". O desdém de Southey pela escrita de Charlotte faz com que ela pondere desde cedo sobre as esferas de gênero de sua vida, mas dá aos leitores alguma compreensão sobre os pseudônimos que decidiu usar como máscaras para poder falar sem reservas. Ela percebeu que deveria criar uma separação entre "a vida como Currer Bell, a autora; [e] a vida como Charlotte Brontë, a mulher", como Gaskell a via.[8]

Como exemplo da autocensura que se esperava de uma jovem, Charlotte explica Ellen Nussey, sua amiga e correspondente de vida inteira, em carta datada de 5 de setembro de 1832, que não lhe escrevia sobre questões políticas, porque "acredito que não se interessaria muito por discussões políticas". Política à parte, as duas jovens trocavam opiniões esclarecedoras sobre literatura, o que demonstrava o largo conhecimento de Charlotte. Em resposta a Ellen Nussey que lhe pedira uma lista de livros, ela diz: "[se] gostar de poesia, que seja de primeira linha: Milton, Shakespeare, Thomson, Goldsmith Pope (se quiser, embora eu não o admire), Scott, Byron, Camp[b]ell, Wordsworth e Southey. Agora, Ellen, não se surpreenda com os nomes de Shakespeare e Byron",

---

8 Sobre seu pseudônimo literário pós-juvenil, veja Maier 2017.

mas também sugere que a amiga omita "*Don Juan*, talvez o *Caim*, de Byron, embora o último seja um poema magnífico, e leia o restante sem medo", incluindo "a poesia doce, selvagem e romântica de Scott", mas de ficção "leia Scott apenas, todos os romances depois dele são inúteis". A lista continua com autores e títulos sobre história, biografias, história natural e religião. Em outra carta, no dia de Ano Novo, em 1º de janeiro de 1833, a atenção de Charlotte está tomada por *Kenilworth*[9] (1821), de Sir Walter Scott, porque:

> (...) *é certamente uma obra esplêndida que se parece mais com uma história de amor do que um romance* [...] *Eu me diverti muito com o modo inocente e todo seu com que expressou detestar o personagem Varney* [...] *ele é de fato a personificação da vilania absoluta, e na descrição de sua mente obscura e profundamente engenhosa, Scott demonstra um conhecimento maravilhoso sobre a natureza humana, bem como um talento surpreendente para incorporar suas percepções de modo a fazer com que outros se tornem partícipes desse conhecimento.*

Elizabeth Gaskell, em seu *The Life of Charlotte Brontë* (1857), faz uma descrição do estranho pacotinho de papéis "quase impossíveis de decifrar", e se fossem legíveis — mesmo literalmente, devido ao seu tamanho — seriam inteligíveis apenas para as "pequenas mentes brilhantes" que os escreveram, por serem as narrativas "mais loucas e mais incoerentes". Para os jovens irmãos, são um "encantamento da visão" tecido em uma "teia".

Em um momento de presciência precoce, Charlotte admite: "[Todas] as nossas brincadeiras são muito estranhas. Não preciso escrever sua natureza no papel, porque acredito que eu sempre conseguirei me lembrar delas". Escrita em grande parte entre os catorze e vinte e quatro anos, mesmo antes de Charlotte terminar o primeiro rascunho de *O Professor*, sua juvenília prova que ela procurou explorar gêneros literários fora dos limites usuais impostos às moças da sociedade. Charlotte reconhece a diferença em sua sede de saber; de

---

[9] Romance histórico baseado no relacionamento entre Sir Robert Dudley, 1º Conde de Leiscester e a rainha Elizabeth I. (N. da T.)

As histórias escritas pelos irmãos Brontë revelam uma visão única em um mundo de fantasia. A moeda indica o tamanho dos "livrinhos".

fato, ela previne a amiga Ellen Nussey: "Não se iluda imaginando que exista ao menos um pingo de bondade em mim". Ela admite:

> *Eu não sou como você. Se conhecesse meus pensamentos; os sonhos que me absorvem; e a imaginação ardente que por vezes me consome e me faz sentir a sociedade tal como ela é, tristemente insípida. Você sentiria pena de mim e, ouso dizer, me desprezaria [porque] quando me inclino para beber essas águas puras, elas fogem dos meus lábios como se eu fosse Tântalo.*[10]

Como Tântalo, Charlotte sente sede de algo mais.

De acordo com ela, o único irmão que melhor sabia compreendê-la era Branwell. Com o tempo, a ligação intelectual entre os irmãos mais

---

10 Tântalo é filho de Zeus, amaldiçoado a sentir uma sede insaciável; toda vez que tenta beber a água do lago sob uma árvore frutífera, ele não consegue alcançá-la.

velhos se intensificou; certa vez, longe dele e de retorno a Roe Head, ela escreveu a Branwell em 17 de maio de 1832:

> *Comecei a pensar que eu tivesse perdido todo o interesse que costumava ter por política, mas o extremo prazer que senti com a notícia [sobre a Lei de Reforma e outras atividades] me convenceu que eu ainda não perdi toda a minha atração pela política.*

Ao mesmo tempo, confessa "a você eu tenho mais coisas a dizer", e se sente desorientada quando ele está ausente. Em seu *Roe Head Journal* [Diários de Roe Head], em 11 de agosto de 1836, ela observou que fora do seu ambiente doméstico, que inclui uma intensa interação entre os irmãos, ela se sente destruída, porque

> *Passei o dia todo como num sonho, meio triste e meio em êxtase: triste, porque não conseguia mantê-lo sem interrupção; em êxtase, porque mostrava como uma quase realidade os acontecimentos do mundo infernal [que] surgiam diante de mim, avançando impetuosamente, todos os fantasmas poderosos que havíamos conjurado do nada para um sistema tão forte quanto o credo de uma religião. Sinto como se eu pudesse ter escrito maravilhosamente — eu ansiava por escrever.*

Em um momento, apesar da capacidade de ser uma colaboradora maleável a mudanças rápidas e repentinas introduzidas por Branwell, a ansiedade de Charlotte de que a trajetória da narrativa do irmão pudesse ter traído seu personagem feminino principal é devastadora:

> *Ela está morta? Ela foi enterrada? Ela está sozinha na terra fria nesta noite sombria? Espero que ainda esteja viva, em parte, porque não suporto pensar na forma triste e desesperada como ela pode ter morrido, e em parte, porque sua retirada, se isso ocorreu, deve ter sido para Northangerland como a extinção da última faísca a atravessar a mais terrível escuridão.*

Apesar do apelo para entender o texto como espiritual, a descrição de sua prática está carregada com uma linguagem de vício, quando, depois de um dia difícil ensinando meninas que ela odeia, Charlotte admite:

Autorretrato de Branwell: ele era o colaborador mais próximo de Charlotte, mas essa aliança terminou devido ao comportamento cada vez mais autodestrutivo do irmão.

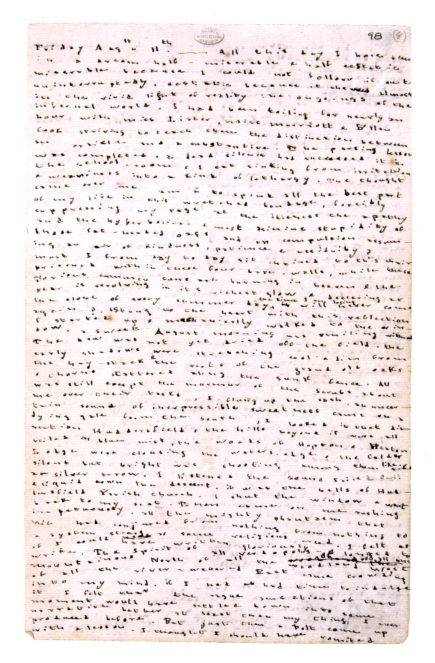

Uma página do manuscrito do *Roe Head Journal*, começando com as palavras: "Passei o dia todo como num sonho". Charlotte achava quase impossível conciliar o cotidiano com as imaginações do seu mundo de fantasia.

> *Foi deliciosa a sensação que experimentei quando me deitei, [pois a] fadiga do dia, sucedida por este momento de lazer divino, agiu sobre mim como o ópio e me percorreu como uma mágica perturbadora, mas fascinante, como nunca senti antes. O que eu pensava crescia de modo morbidamente vívido.*

Ao retornar a Roe Head, Charlotte até alucina com as criações; ela confessa em seu diário:

> *Eu os ouço falar (...) Vejo distintamente os vultos — e, embora eu esteja sozinha, experimento todas as sensações de quem foi admitido pela primeira vez num grande círculo de seres clássicos (...) seres transcendentalmente justos e sagrados.*

Para Charlotte, estar longe do seu "mundo subterrâneo", a ficcional Cidade de Cristal, onde podia ser plenamente ela mesma, era como arrancar-lhe a alma.

MENINOS SE TORNAM HOMENS

Diferente do que ocorria em Roe Head, onde a mediocridade consumia sua energia, em casa as ideias de Charlotte se amalgamavam para "formar uma imagem definida". Isso dentro do contexto de competição acirrada, mas de mútua dependência em relação ao irmão, quanto aos acontecimentos bélicos e políticos da saga, à qual ela fornece as personas dos seus habitantes. Sua colaboração estabelece o momento quando os soldados de brinquedo da infância, agora na Cidade de Cristal/Verdópolis, de meninos se tornam homens.

O Duque de Wellington mantém o domínio sobre os filhos, Arthur e Charles, mas apenas até certo ponto. Em uma prefiguração do uso de Charlotte do nome de "Currer Bell", a juvenília apresenta a atuação como Lorde Charles Wellesley, Charles Tree, e depois como ela renomeou Wellesley, agora Charles Townshend. A sublimação da autora criança em narradores masculinos e personagens ficcionais, Wellesley — como um dos pseudônimos masculinos dentro das sagas —, em geral age como um observador e informante inofensivo, enquanto o irmão, Arthur, o Marquês de Douro (mais tarde Duque de Zamorna, rei de Angria e imperador Adriano) é mulherengo, tem aventuras sexuais, casa-se várias vezes, funda nações e enfrenta batalhas políticas, especialmente com e contra Alexander Percy (Rogue, depois Duque de Northangerland e Lorde Elrington).

Um elemento significativo do trabalho inicial é a multiplicidade das várias vozes masculinas empregadas tanto por Branwell quanto por Charlotte. O fato de Charlotte "assumir diversas máscaras lhe permite discutir com as próprias vozes polifônicas" (Alexander, 2010, xxi) como com as de Branwell, e analisar, bem como assumir, a autoridade literária nas narrativas. Trabalhando a partir de múltiplos pontos de vista, Charlotte deleita-se com a liberdade do jogo masculino nos reinos da infância, das relações sanguíneas, dos desejos lascivos e da beleza apreendida.

Arthur, o marquês de Douro, desenhado por Charlotte, 1833.

Estes dois novos fragmentos são acréscimos emocionantes à saga e à nossa compreensão de dois personagens masculinos singulares e da mulher que existe entre eles. O fragmento de prosa nos apresenta um vislumbre do desenvolvimento de um dos irmãos, Charles, e o poema nos apresenta uma nova visão do outro irmão, Arthur. No episódio de Haworth, Charles deixa de ser passivo e sarcástico, e passa a ser ofensivo e físico. No escrito introspectivo e poético de Arthur, ele deixa de ser bélico, e passa a querer renovar o seu amor.

Em cada um dos casos, considerados dentro do contexto maior de determinado ponto da narrativa da Cidade de Cristal, representa uma nova compreensão de cada um dos personagens masculinos.

Os contos começam como aventuras juvenis com "The Twelve Adventurers" [Os Doze Aventureiros] e "Tales of the Islanders" [Contos dos Habitantes da Ilha], em uma viagem de descoberta para procurar e marcar mais territórios para o Império em que imediatamente matam nativos, aprisionam um Chefe, e aceitam uma proposta de "paz de seu rei [...] nos termos mais vantajosos para nós". A criação dos pilares desta sociedade transplantada — o Palácio da Justiça, a Grande Estalagem, a Grande Torre e as fortificações de guerra — é completada na capital com a mágica dos Gênios. Em um momento de tranquila observação, o Capitão Bud descreve:

> *Dois rapazes, ou melhor, meninos, aparentemente de dezessete ou dezoito anos. Eram altos, esbeltos, bem bonitos, e tão parecidos que era difícil distinguir um do outro; se não fosse pela sombra de pensamento que pairava por vezes pelo rosto do mais velho; e o cabelo fino e ondulado também era um pouco mais escuro do que do outro, cujo sorriso feliz, que de vez em quando iluminava as belas feições, e a alegria com que ele por vezes jogava para o lado o cabelo claro e cacheado, e o modo brincalhão com que falava com o irmão quando percebia a sombra de pensamento pairando sobre seu belo rosto, com uma disposição mais alegre que a do irmão mais velho.*

Identificados como Arthur e Charles, os dois meninos crescerão e se tornarão homens durante as sagas. Aqui o prestígio é estabelecido no cenário deste encontro sob "um domo redondo de ágata branca, com estrelas de ouro cintilantes e ricos ornamentos com safiras de cor púrpura", de trezentos metros de altura, no Palácio de Waterloo, a residência do pai, o heroico Duque de Wellington.

Como na própria sociedade de Charlotte, os homens se envolvem com questões que se referem a direitos patriarcais e ideias expansionistas, tanto política quanto pessoalmente. O "exército mais poderoso" protege a "Cidade do Poder" (como a Cidade de Cristal é chamada pelo admirável romancista Capitão Tree) e os eminentes homens que nela vivem. No "Capítulo 2º" do periódico de dezembro de 1829 da juvenília,

Charlotte pausa para descrever extensivamente as personalidades de muitos homens, incluindo o Duque de Wellington, que "é, sem dúvida, (...) decidido, calmo, corajoso e de mente nobre", enquanto passa a ser o novo herói nacional. Há descrições de homens com aspectos vis inicialmente criados por Branwell para fazerem oposição aos homens virtuosos de Charlotte. Rogue é um belo opositor, que mostra "um ar surpreendente em seus olhos ferozes e cinzentos e uma testa admirável. Seus modos são bastante polidos e cavalheirescos, mas a mente é enganosa, sangrenta e cruel"; além disso, a rápida capacidade de recorrer a truques é sugerida quando joga cartas com grande habilidade nas mesas de jogo, ao mesmo tempo em que é excessivamente vaidoso em relação aos seus talentos. Rogue, Young Man Naugthy [Jovem Impertinente] e Pigtail [Rabo de Porco] — personagens inventados por Branwell — são todos os primeiros recursos para o brilho potencial da descendência de Wellesley.

Os jovens Wellesley se tornam, quando adultos, os eminentes Marquês de Douro e Lorde Charles Wellesley. Douro, agora com vinte e dois anos, "lembra a nobre mãe", com talhe alto e esbelto, e perfil romano, mas tem olhos grandes e cabelos ruivos escuros e brilhantes, como o pai; e mais importante, sua personalidade "lembra a duquesa, leve e humano, mas muito corajoso e grato por qualquer favor que lhe façam, e pronto a perdoar ofensas; gentil para com os outros e desinteressado por si mesmo".

Descrito como um poeta romântico visionário, o Capitão Tree continua a asseverar que o mais velho possui "uma mente altíssima, elegante e culta. Dotado de gênio sublime e altivo (...) com os pensamentos de um viajante que vaga só, em meio à natureza, ou a canção triste de um exílio solitário são os temas em que encontra o maior prazer e aos quais se entrega, principalmente". O Capitão Tree admira o rapaz mais novo, de dezenove anos, como "admirável e belo. Seus olhos são cheios de vida e força", tem cabelos loiros e cacheados, e uma expressão feliz e charmosa. Muito se depreende da aparência "viva, alegre e elegante" de Lorde Charles, que combina com a inteligência "aguda e penetrante", que "ele frequentemente permite (...) joga sem maldade em relação ao seu opositor, então o atinge ferozmente no coração", muito porque sua "imaginação é extremamente vívida, como a representação explícita da natureza e do caráter" de um homem inteligente.

Agora ambos são colocados em contradição: Douro, como as "suaves reverberações de uma harpa eólica que (...) eleva a alma a um tom de sublimidade selvagem, ou a conduz a um pensamento triste e solene", justaposto a como, após ler um livro de Lorde Charles, "sentimo-nos leves, alegres e felizes, como se pudéssemos ler e flutuar". O filho mais velho é extremamente passional, mas *grave*, ao passo que o mais jovem é facilmente ignorado por não representar nenhuma ameaça — uma característica que servirá bem para Lorde Charles ao narrar sobre a crescente sede de sangue e beleza do irmão. Os dois rapazes crescem e se tornam homens, ferrenhos competidores, que se apresentam nos novos fragmentos como talvez preferissem ser.

SEDE DE SANGUE E MASCULINIDADE

Neste que deve ser o último fragmento de material novo dos contos da Cidade de Cristal, Charlotte narra sobre Lorde Charles trazendo sua comitiva até Haworth, um episódio sem precedentes na juvenília. Como os outros contos, este é um acontecimento fragmentado na frouxa teia das narrativas; estes esboços ou cenas não estão limpos e arrumados. Há uma sensação de incompletude, uma prefiguração da fragilidade da narrativa da Cidade de Cristal à medida que Charlotte está mais velha e da delicada natureza do equilíbrio entre os egos masculinos quando Charles se torna socialmente hostil na prosa, e o lado poético longamente ignorado de Zamorna anseia por algo além da guerra.

Nesse ponto, a voz narrativa de Lorde Charles é desdenhosa, degenerada e desconcertante em contos como outro da juvenília, "Stancliffe's Hotel" (1838/39).[11] Charlotte Brontë lança uma fofoca entre dois personagens secundários, Bravey e Sydney, para revelar as mudanças extremas nos homens de Wellesley. Sydney pergunta se há alguma

[11] Heather Glen (2006) data os cinco contos, "Mina Laury", "Hotel Stancliffe", "O Duque de Zamorna", "Henry Hastings" e "Caroline Vernon", entre janeiro de 1838 e dezembro de 1839, enquanto Charlotte Brontë data "Mina Laury" em 17 de janeiro de 1838 em Haworth (Brontë 220), o que significa que "Hotel Stancliffe" foi escrito depois dessa data.

semelhança entre este "irmão ímpio" e Zamorna, ao que Bravey responde: "Nenhuma. Lorde Charles é um macaco vil, feio, mentiroso, intrometido, tratante, sujo e desprezível, que tem prazer em caluniar todos os bons e grandes homens, e se aliar a todos que sejam perversos e malvados", enquanto Zamorna, para "os estimados, ele é um anjo, mas para os que ele odeia, ele é um verdadeiro Lúcifer". Fica claro agora que as observações de Lorde Charles não são objetivas nem isentas de opinião ou de emoção, por vezes até homicidas; ele até admite no prefácio de Albion e Marina: "(...) escrevi este conto por raiva das injúrias que me lançaram".

O fragmento recém-descoberto tem duas páginas, escritas em grandes letras cursivas, com tinta sépia e concentra-se em Lorde Charles Wellesley; está datado como "Junho de 1833", e tem semelhanças suficientes com outros escritos da época, ou um pouco depois, para provar que se encaixam contextualmente nos escritos juvenis de Charlotte Brontë. Este fragmento reúne o cinismo dos textos em prosa anteriores com a mesma linguagem usada para descrever o pior lado dos homens. Muito mudou em relação a Lorde Charles desde sua descrição em dezembro de 1829. O segundo filho, incapaz de exercer o poder patriarcal, se autoexila e inventa um novo nome; Charles Townshend, Esq., por sua escolha, não exerce mais o papel de descendente do nome da família Wellesley, e não é mais um observador imparcial do irmão que ele abandonou. Os privilégios do primogênito foram dados a Zamorna; a cobiça pela sua própria vida, ou o poder reduzido sobre os inferiores é o que resta agora a Townshend, que se torna um participante subjetivo da devassidão social e da violência.

Sem restrição moral, ele se rebaixa para levar uma vida de furtos, rupturas e prazeres sádicos; observado por outro narrador masculino que descreve para o leitor o comportamento degenerado de Townshend, bem como do seu companheiro, "um velhinho de aspecto muito suspeito conhecido como Sr. Robert Thing". Os dois agiam como "irmãos" e "se faziam passar por dois ministros" quando chegaram ao "Black Bull". No "Black Bull", não coincidentemente o local do comportamento cada vez pior de Branwell, os "modos e aparência" de Townshend "não [são] como os que se veem em uma vila", nem seu comportamento é o "das companhias da ralé local". Ele "tinha o prazer de fornecer [a esses homens] tanta bebida quanto eles conseguissem beber", e depois se sentava para "testemunhar e por vezes participar das discussões que surgiam de sua embriaguez", o catalisador e muitas vezes o cúmplice de sua degeneração. A vila de Haworth é perturbada por suas dores reprimidas devido à corrupção dos seus homens pelo excesso de bebida.

Em uma série de atos públicos ultrajantes, Townshend e Thing "desviam a receita da coleta trimestral", e depois atacam com o objetivo de humilhar vários eclesiásticos. O "Rev. John Winterbottom [é] arrancado da cama [e] arrastado pelos calcanhares de um lado para o outro da vila", enquanto outro, John Foster, é abordado e depois "jogado num bebedouro de cavalos", enquanto o Sr. Robson está meio pendurado, e "publicamente açoitaram o Sr. John Hartley, tropicaram os pés de James Greenwood, Esq., [e] assustaram o Sr. Sunderland [...] deixando-o temporariamente insano". Townshend e o comparsa "depois de cometerem todas essas barbaridades, fugiram furtivamente do Black Bull à noite, sem pagar um tostão pela sua hospedagem".

Cômico e desprezível em seu escopo — embora satírico no tom —, talvez o mais surpreendente seja o fato de os homens do texto em prosa serem tão fictícios quanto reais. Os escritos juvenis de Charlotte Brontë estão cheios de retratos dos irmãos e de outras pessoas com quem ela tem contato. Dito isso, normalmente permanecem anônimos ao receberem outro nome — mesmo o personagem de "Robert Thing" é uma adaptação do personagem de Branwell da Cidade de Cristal, "Robert Patrick King", um dos narradores ocultos que atuam como sua voz na saga. Aqui, Robert Thing é duas vezes mais sutil do que o objeto de desprezo, mas é claramente um seguidor do homem mais forte, Townshend.

Ao mesmo tempo em que é comum para os Brontë zombar do clero nas histórias de Angria, normalmente isso é feito de forma mais tênue, e não de modo nominal. Para este fragmento, os clérigos descritos aparecem com seus nomes reais. O "Reverendo John Winterbotham" era o ministro batista que uma vez se opôs a Patrick Brontë, mas também atuou como um dos três secretários na Sociedade de Temperança de

Haworth, depois, mais tarde, chefiou a Capela Batista de West Lane. "Mr. Robson" pode ser um cidadão londrino, William Robson, responsável pelo prêmio dado a Patrick em Cambridge, ou possivelmente um ministro wesleyano em Whitby, Yorkshire. "James Greenwood" era o dono da Fábrica Bridgehouse, batista e líder dos Dissidentes na Capela Batista de Hall Green. "Abraham Stansfield Sunderland" era o professor de música dos irmãos Brontë e, de fato, o organista de Keighley, que, de acordo com uma carta de Patrick Brontë de 17 de setembro de 1833, "presta os serviços gratuitamente" quando o novo órgão é inaugurado com a execução de *O Messias*, de Handel. É interessante que uma dessas pessoas da vida real, o Sr. Sunderland, apareça como o personagem Sr. Sudbury Figgs nas narrativas da Cidade de Cristal, então deve ser incorreto que exista aqui em uma duplicação de sua caracterização anterior. Em cada um dos casos, Townshend tira-os do lado efêmero ou espiritual para a sujeira ou degradação do reino físico, talvez como um lembrete de que precisem se envolver com o âmbito imediato das preocupações em Haworth.

Lógico que a ironia é este episódio, contendo estes comentários sobre a ineficácia dos religiosos sobre a libertinagem dos intrusos e seus seguidores ter sido encontrado dentro do livro de Kirke White, nas mãos de dois homens, sucessivamente: Patrick Brontë e depois Arthur Bell Nicholls (o pároco auxiliar de Patrick, que depois se casou com Charlotte). A inscrição do pai, Patrick Brontë, demonstra a admiração por Kirke White:

Hic erat Liber, Uxonis mea charissimae, et servatus fuit ab undis —
— Igitur, semper servandus.[12] *— P. B.*

Tive a honra de conhecer, na Universidade, este que é o objeto deste livro de memórias, e tenho todos os motivos para acreditar que o louvor prestado a ele, em relação à sua genialidade ou piedade, foi bem merecido — P. Brontë

A nota de Nicholls também foi inserida:

---

[12] "Este Livro pertenceu à minha amada Esposa, e foi salvo das águas — Portanto, deverá ser sempre preservado". — P. B. (N. da T.)

O Presbitério,
Haworth.

Rev. e Caro Senhor,

Em nome do Sr. Brontë e no meu, agradeço sinceramente os pêsames expressos na carta que nos enviou após nossa recente perda — A aflição é de fato muito pesada, mas tentamos ver nisso a mão do nosso Pai Celestial, "que não aflige, nem entristece de bom grado os filhos dos homens", e nos console o pensamento de que nossa perda represente um ganho para ela —
Mais uma vez agradecendo-lhe por sua gentileza

Sou Rev. e Caro Senhor
Sinceramente seu,
A. B. Nicholls

A referência bíblica do Livro das Lamentações 3:33, "ele que não aflige, nem entristece de bom grado aos filhos dos homens" (Bíblia do Rei James) relaciona-se com o fragmento, não de modo proposital, mas de forma inconsciente. O dano causado aos homens de Haworth por Townshend e Thing é absolutamente infligido pelos homens através da vontade individual, ao passo que Deus voluntariamente não prejudicaria seus filhos. Aqui, neste episódio, a demonstração gráfica de Charlotte dos modos cruéis e prejudiciais dos homens contrasta com as leituras grandiosas sobre o homem encontradas na Bíblia; também pode ser uma percepção colhida através do trabalho do pai em seu serviço na paróquia: há menos prejuízo mandado pelos céus do que o lançado entre os homens.

Entender que tanto Maria, e especialmente Patrick Brontë tinham o poeta em alta estima pode explicar por que os fragmentos foram colocados no livro. O fato de, como líderes da Igreja, tanto Brontë quanto Nicholls terem acrescentado uma visão tão cínica sobre o clero dentro de um valioso livro romântico nos lembra do riso de Nicholls ao perceber isso lendo *Shirley* (1849), ou em *Jane Eyre*, talvez quando Rochester lembra a Jane que St. John Rivers é "uma espécie de pároco auxiliar grosseiro, meio estrangulado pelo colarinho branco e empinado em sapatos de sola grossa".

A BELEZA ENTRE HOMENS

Para entender a importância do novo fragmento poético, devemos lembrar que, ao longo das diversas narrativas da juvenília, Charlotte leva o filho mais velho, Arthur Wellesley, em uma jornada através dos desafios com todas as complexidades sociais de seu desenvolvimento pessoal, um tipo intenso de *Bildungsroman*.[13] Muitos críticos acreditam que, no início dos contos, Charlotte coloca Charles Wellesley como observador da crescente sede de sangue do irmão. Ligados pelo sangue, mas invejando a incessante busca de prazer do Duque de Zamorna, Wellesley/Townshend degrada-se para se igualar ao irmão. Neste recém-descoberto episódio, entre outros talvez perdidos e os que foram preservados, Charlotte explora a fragilidade das máscaras masculinas que se adequam ao comportamento convencional, a dificuldade de expectativas dos papéis patriarcais entregues a Charles e Arthur, e as consequências de uma masculinidade desenfreada. Ao ser desafiado a ter uma personalidade igualmente forte, sobretudo quando ambos estão presos em um duelo de amor e ódio recíprocos, uma mulher é sacrificada.

Da condição inicial de Zamorna como um jovem escritor romântico até seus inúmeros títulos que alimentam o sentido de direito, ele se torna um personagem byroniano complexo, sensual, carismático e sádico, com "elevada estatura heroica e porte despojado, corajoso e cavalheiresco", que agora tem sempre "um brilho diabólico" nos olhos que alertam para uma "estranha loucura!" em sua mente. A beleza inicial, o temperamento poético e a "delicadeza efeminada" do Duque agora agem como uma máscara dissimulada sob a qual "as pálpebras e os longos cílios parcialmente escondiam a doce expressão de vingança que espreitava por baixo". O temperamento colérico não é mais aplacado pelas convenções sociais. Uma vez que o "demônio da natureza de Zamorna [está] inteiramente desperto" em seu comportamento transformado, ele "Grunhe as palavras em um tom profundo e rouco quase como o rugido abafado de um leão" ao criar um "espetáculo de homicídio violento entre cenas de paz doméstica",

---

13 *Bildungsroman* (em alemão, "romance de formação") designa a narrativa que expõe, em detalhes, o processo de desenvolvimento físico, moral, psicológico, estético, social ou político de um personagem, em geral, desde a infância ou adolescência até a maturidade. (N. da T.)

então em um ato deliberado de polidez, calmamente torna a abotoar a sobrecasaca cavalheiresca e veste as luvas.

O único homem que se iguala à intangibilidade do Marquês de Douro (mais tarde Zamorna) é o Duque de Northangerland (mais tarde Lorde Elrington), com seu casaco azul cintado, "polainas brancas e meias pretas bem puxadas", que lembra essa "existência angelical que designamos de homem militar". Ele também se torna uma figura byroniana sob o olhar intenso e ambíguo de Zamorna, que vê "o grande, vil, esplêndido, detestável, demoníaco, angelical, obscuro, brilhante, abominável, abençoado canalha, aquele Northangerland, aquele meu ilustre e infame parente que eu abomino, embora eu admire; que eu deteste, embora eu ame; aquele monte de contradições e mesmo assim aquela pessoa terrivelmente consistente".

Essas contradições nos dois homens — entre o sagrado e o poderoso, o artístico e o destruidor — confundem a "ideia de ser um deus de perfeição ou um demônio cheio de defeitos [...] Ele é ele mesmo — um ser isolado e abstrato". Northangerland é conhecido por estar "repleto [...] com o mais inquietante desprezo e ódio pela humanidade". A intensidade da competição masculina enlouquece suas vidas, incluindo as relações com os filhos, e só é equilibrada pelo envolvimento entre eles. Na verdade, a única verificação do poder do atual Duque de Zamorna é a intensidade desse vínculo entre homens, representada por uma rivalidade tanto homoerótica quanto homossocial. É um relacionamento em que os dois homens se sentem carismaticamente atraídos um pelo outro, mas imediatamente se enxergam como rivais. Seu relacionamento — por vezes de companheirismo, outras de intensa inimizade — controla o destino da Cidade de Cristal. Os sentimentos recíprocos complexos se tornam ainda mais turbulentos quando Branwell cria a filha legítima de Northangerland, Mary Percy, como narrado em "As Políticas de Verdópolis" pelo Capitão John Flower, MP.[14]

Nessa terra de competições masculinas que conduzem contextualmente ao fragmento poético, uma mulher é a conexão entre os dois homens poderosos; Mary é a filha de Northangerland com Mary Henrietta

---

14 Capitão John Flower, MP, é um dos pseudônimos de Branwell Brontë. Este primeiro relato de Mary acontece no Capítulo 1, quando ela chama o pai (Brontë 344) ao vê-lo retornar da visita ao túmulo da esposa, Mary Henrietta Percy.

À direita: O fragmento poético escrito por Charlotte.

Mary I stood thou didst not know that I was nigh
Thou didst not know my gaze was fixed on thee
I stood apart & watched thee gliding by
In all thy calm unconscious majesty
And dreamed I wandered my spirit waking dreams
Through the bright mazes of that Court of thrones
With step that fell more soundless on the earth
Robes gems & masques & tossing plumes among
Around the light of [...] the gladsome mirth
And though mine own Titania! still as heaven
When not a cloud [...] floats in its fields of blue
When not a breath of a summer wind is given
Sighing the azure champaign [...] softly through
Yes then I saw that [...] upon me [...]
A dream that bore my spirit far away
I walked in thought through shadowed glade & dell
I felt the daylight sure through foliage play
And thou wert there clothed in thy tunic green
The coronal of flowers around thy [...] curls
The lily wand, the bright zone sparkling sheen
& the long lucid chain of orient pearls
[...] tale of faerie
Methought it was night & I remembered well
As stars rose & glimmered one by one
Of many a sweet [...] tale of faerie
Of many a deed in lonely greenwood done
[...] left by her loved elfin king
And long by dell & [...] haunted glade
Tearless yet joyless softly wandering
Seeking the dimmest path, the thickest shade
Or [...] within her placid bower sleeping
Moonlight [...]
Curtained with tendrils of the [...] creeping
[...] Orchis & vetch, a spicy musk-rose [...]
To join their blossoms with the sweet woodbine
And for the fairy queen a veil to twine
Moonlight [...] silver [...] about her gleaming
Through the young elms that made her canopy
And tears [...] her closed eye-lids streaming
Called forth by dreams that of her lost love be

Transcrição do fragmento poético

Mary, ~~eu estava~~ não sabias que eu estava perto

Não sabias que meus olhos estavam fixos em ti

Eu fiquei à parte e te vi desfilar

Em tua calma e majestade inconsciente

~~E os sonhos se deitam sobre o meu espírito, fazendo-os despertar~~

Através dos labirintos brilhantes em meio àquela multidão festiva

Com um passo que ~~ecoavam diminutos ao caírem~~ caía como flocos de neve no chão

Vestidos joias e máscaras e plumas que se movem

À tua volta luz e riso júbilo e alegria esfuziante

E tu, minha própria Titânia! impassível como o céu

Quando não uma nuvem flutua em seus campos azuis

Quando não sopra um vento de verão

Suspirando ~~desmaiada~~ suavemente através da campanha azul

Sim então eu te vi e sobre mim ~~furtou veio~~ caiu

Um sonho que carregou meu espírito para muito longe

Caminhei em pensamentos através da clareira e do vale sombrio

Senti os ares do dia através das folhas que dançavam

E estavas ali vestida com a tua túnica verde

A coroa de flores ~~em torno~~ entre ~~tua fronte~~ teus cachos

A varinha de lírio espalhando seu brilho sobre tudo

E o longo e lúcido fio de pérolas orientais

~~De muitos e doces tristes contos de fada~~

Pensei qu'era noite e lembrei-me de mim

Enquanto as estrelas subiam e cintilavam uma a uma

De muito doces loucos contos de fada

De muitos feitos em florestas solitárias

Titânia abandonada por seu amado Rei elfo

E pelos vales e montanhas e clareiras assombradas

Sem lágrimas, embora sem alegria tristemente vagando

À procura de um caminho mais escuro, da mais espessa sombra

Ou então dormindo dentro de seu plácido dossel

~~Luar e orvalho destilados na sua fronte~~

Cercada por cortinas com gavinhas de roseiras-bravas

~~Botões de rosa~~ Orquídeas e ervilhas, e rosas almiscaradas picantes

Para unir seus botões com a doce madressilva

E para a rainha das fadas um véu para entrelaçar

O luar ~~como prata sobre~~ e o orvalho salpicado luzindo sobre ela

Através dos novos olmos que formavam seu pálio

E lágrimas finalmente vertendo de suas pálpebras cerradas

Trazidas pelos sonhos por ter perdido seu amor

Percy, a primeira esposa, há muito falecida, de quem ele sente muita saudade. Mary é, na saga, a filha idealizada e livre que, com "hábitos não sofisticados", levanta-se cedo "para caminhar pelo parque e pelas alamedas isoladas dessa região pastoril" com um cão de caça; idílico, mas não necessariamente ideal, um "grande chapéu protegia seu rosto do sol e emoldurava o cabelo castanho, os olhos expressivos e o sorriso iluminado" com que ela "ganha os favores" dos rudes camponeses da região, pequena nobre irlandesa, "com formas de fada, voz suave e alegria perfeita". Para acompanhar as mudanças de Branwell, Charlotte Brontë faz com que a segunda mulher de Zamorna, Marian, morra negligenciada para permitir que ele despose a romantizada Mary, e fazer com que as duas dinastias estabeleçam uma coalizão política com mútuos benefícios.

A entrada de Mary em uma sociedade glamourosa faz com que ela mascare o romantismo com "uma personagem diferente" para ser "admirada, respeitada, convidada como a rainha das festas, e considerada o padrão de bom gosto para os jovens da cidade", apesar de as "atenções do submundo terem sido em vão". Mary conta a Charles: "[Meu marido] sabe que sou melhor do que todas as minhas rivais, e ele me ama dez vezes mais", o que contradiz os modos galanteadores de Zamorna. A lealdade feroz a seu pai, "a quem admirava com um misto de medo, carinho e reverência". Entre as mulheres da sociedade, Mary fica perto do pai "com um olhar atento e silencioso, observando todos em volta", mas assim que se afastavam, os "olhos se acendiam com o mesmo fogo do pai. Guerra e derramamento de sangue poderiam resultar disso". O primeiro encontro predestinado entre o homem passional e experiente de Charlotte e a jovem encantadora de Branwell solidifica o futuro entrelaçamento dos dois homens quando Northangerland os apresenta.

Antes mesmo de encontrá-lo, a Srta. Percy "lera as obras gloriosas deste jovem nobre até chegar a ele; embora nunca o tivesse visto, [ele] se fixou em sua mente como o próprio pai". O Capitão Flower detalha como sua "admiração por ele era ilimitada, e não sendo sofisticada e estando pouco habituada a esconder seus sentimentos, fossem eles gentis ou não, aceitou sua mão de bom grado e, com os olhos faiscantes e sorriso desprendido, tornou-se, em menos de três minutos, profundamente ligada a ele", enquanto Zamorna "admirava seu entusiasmo, linguagem e comportamento" em meio aos homens. Se tivesse o temperamento do pai, ou soubesse como falar, ela teria revidado, mas tinha longa "prática nesse tipo de silenciosa vigília [...] de quando falar e quando calar"; de fato, é a deferência passiva e a submissão de Mary à masculinidade combinada dos dois líderes que a conduzem ao sacrifício do exílio, o golpe fatal contra o inimigo de Zamorna, desferido por ele.

Charlotte deixa claro o custo do jogo masculino sobre os outros que cercam os homens, e destaca: "[eles] nunca pensam que os parentes, as esposas e filhas desses homens, enterrados longe de nossas vistas entre os palácios, ouvem os mesmos relatos que ouvimos e sentimos como tempestades o que consideramos ser meras nuvens, e como flechas o que para nós parecem simples flocos de neve". Mary sabe ser um peão que deseja que o marido a considere "mais como mulher [...] e menos como uma ligação etérea entre ele e meu terrível pai", mas se enfurece contra sua posição: "Eu tenho uma grande aposta neste jogo real. Se Northangerland e Zamorna me tornam a ligação entre eles, não devo eu, que tenho minha própria existência, exortar minhas reivindicações, e ainda tentar trabalhar por mim mesma um caminho mais tranquilo neste vale de lágrimas que todos temos de atravessar?" Mary sabe que ela será a Beleza sacrificada neste jogo entre homens.

Ao usar Mary de modo estratégico, Zamorna não nega conhecer seu sofrimento. No poema "Zamorna's Exile" [O Exílio de Zamorna] (1836), ele a vê mentalmente onde "sua fronte de mármore, coroada pelos seus cabelos/ Envolvendo-a como o sol" e como o "obscuro cuidado [...] ali entristeceu tarde".[15] Charlotte faz Zamorna admitir que as mulheres sejam o sexo mais forte, porque é no "ardor das almas e dos espíritos femininos/ que nada na terra herde tal fogo divino", enquanto ele também sabe que Mary "disse que ela morreria por mim; e agora ela está mantendo/ A palavra", por viver em "dor profunda" que ele deseja abrandar. Apesar da dor que isso causará a Mary e a ele, Zamorna declara vingança: "Eu jurei minha fé/ Partirei o coração do pai com a morte de Mary". Ele deixa claro para Mary

---

15 "O Exílio de Zamorna", em dois cantos, também é referido, por alguns críticos, como o poema chamado "E quando me deixaste".

a sua intenção ao dizer: "Eu jurei que se seu pai retirasse/ a mão da minha, eu lhe devolveria o presente" de dor ao ver que a "parte dele no grande jogo já havia terminado". Cumprindo o papel de mulher sem importância e, apesar do amor por Mary, Zamorna, trocando "a vida de Mary por uma vingança sangrenta" — manda embora seu "lírio deslumbrante", dizendo: "É dele a culpa — eu te amo".

O novo fragmento poético encontrado no livro de Kirke White, "Mary, não sabias que eu estava perto", é uma contemplação da importância de Mary para o homem, não a persona mítica que governa a Cidade de Cristal. O poema contém pentâmetros iâmbicos[16] com rimas alternadas [em inglês] em um total de setenta e dois versos, em duas páginas com letras minúsculas, escritas a lápis, que parece ter sido bastante revisado por Charlotte. O conteúdo do material situa a peça como possivelmente contemporânea a "O Exílio de Zamorna" (1836), em que ele contempla o que fez no passado, ao passo que neste fragmento fica claro que Zamorna observa Mary de modo presente e ativo sem que ela saiba ou consinta. Não é acidental que essa expressão de sua força de desejo e derrota seja poética. No contexto das sagas da Cidade de Cristal e de Angria, o movimento de prosa para poesia significa uma mudança do cinismo da prosa com a linguagem pública masculina para uma linguagem mais suave de um espírito poético feminino, destacada e atemporal em relação às exigências de liderança sobre Zamorna. Esta não é a descrição de um homem em viagem com guardas ou conselheiros; em vez disso, é um momento muito pessoal, uma imagem transitória de um homem que se afasta das exigências públicas atendendo um anseio íntimo. Ao longo de todos os contos da Cidade de Cristal, seu ser poético e romântico inicial é evocado em momentos importantes para dar voz ao seu mundo interior. O uso da forma poética por Charlotte em tais momentos é um movimento que se afasta da linearidade das narrativas em prosa para uma compreensão mais holística do ser em um momento de calma reflexão sobre a Beleza observada, admirada e desejada. O fragmento invoca a consciência internalizada de uma vida pública em contraste com os desejos pessoais de Zamorna.

---

16 Pentâmetro iâmbico é um tipo de métrica utilizada em poesia e teatro que descreve determinado ritmo a cada verso. No grego clássico e no latim, o ritmo é criado através da alternância de sílabas longas e curtas. Em inglês, o ritmo é criado através da tonicidade, alternando sílabas tônicas e átonas. (N. da T.)

Zamorna, tanto o personagem envolvido quanto o narrador aqui engajado, admite, em sua confissão imaginada a Mary: "Eu [...] te vi desfilar" (3); mas ele não deve aliviá-la de sua dor indo ao seu encontro naquele momento de pesar. Embora Mary esteja cercada por uma "multidão festiva" (5) se movendo em "júbilo e alegria esfuziante" (8), ela fica à parte, como Zamorna, que ficou "à parte" (2) para poder observá-la. Mary perdeu a ligação com o mundo, afastando-se de todos em volta, enquanto Zamorna se ressente da vida pessoal que poderia ter tido. O momento roubado permite uma reflexão para o antigo poeta imaginá-la como o ideal romântico que ele acredita que Mary seja.

Imaginada como a rainha das fadas, sua "majestade inconsciente" (4) abre para ele uma pausa nesta silenciosa observação; ele a vê como "Titânia abandonada por seu amado Rei elfo" (25). Na alusão shakespeariana, Zamorna é Oberon e Mary é Titânia, e o arrependimento de Oberon em relação ao encantamento que lançou sobre Titânia se iguala aos sentimentos estraçalhados de Zamorna quanto ao banimento de Mary. Titânia também é uma referência ao livro *Metamorfoses*, de Ovídio, em que o autor nomeia a segunda geração de seres divinos, os Titãs, inferindo desse modo divindade sobre seu pai, Northangerland. Dito isso, os dois casais de amantes — o shakespeariano e o ovidiano e/ou bronteano — estão fortemente ligados à natureza. Zamorna sente o vento se mover e vê, pelos "ares do dia através das folhas que dançam" (16) e seu corpo "vestido com [...] túnica verde" (17), uma imagem de fertilidade potencial e lúdica. Seus cabelos, envoltos por uma "coroa de flores em torno entre tua fronte teus cachos" (18) e com uma "varinha de lírio" (19), descreve Mary como uma fada poderosa, mas de natureza efêmera — ela pode desaparecer quando a mágica terminar, ou lançar-se na escuridão de desespero por causa da separação. Por enquanto, Zamorna a vê como uma Beleza de outro mundo. Ele a encoraja a "tirar as coroas de lírios que escondem essas tranças de cabelo dourado" para deixar sua glória brilhar sem medo de represálias ou imodéstia.[17] "Enquanto as estrelas se elevavam e

---

[17] Veja I Coríntios 11:13-15: "Julgai por vós mesmos: é decente que a mulher ore a Deus descoberta? Não vos ensina a mesma natureza, que, se um homem possui cabelos longos, é uma desonra para ele? Mas, se a mulher tem longas madeixas, é uma glória para ela, pois o seu cabelo lhe é dado como um véu".

cintilavam uma a uma/ De muito doces loucos contos de fada" (22-23). No "plácido dossel" (29) de um jardim, ela está

> *Cercada por cortinas com gavinhas de roseiras-bravas*
> *Botões de rosa Orquídeas e ervilhas, e rosas almiscaradas picantes*
> *Para unir seus botões com a doce madressilva*
> *E para a rainha das fadas um véu para entrelaçar*
> *O luar* (31-35)

ao ser "Trazida pelos sonhos por ter perdido seu amor" (38). O ar impregnado de perfume, bordado com as fragrâncias misturadas da doce sarça e de rosas almiscaradas junto com a madressilva, pode ser lido em paralelo com as cenas poéticas em que Oberon descreve:

> *(...) a margem onde o tomilho selvagem tremula,*
> *Onde as prímulas e as violetas crescem,*
> *Quase coberta de madressilvas suculentas,*
> *Com doces rosas almiscaradas e roseiras-bravas:*
> *Ali dorme Titânia em algum momento à noite.*[18]

Além da correspondência com Shakespeare, o apaixonado Zamorna de Charlotte vê a beleza feminina poderosa de Mary como serena, sensual e colorida, em contraste com a ação deplorável, agressiva e devastadora que ele tomou para expulsá-la, uma exilada do amor, mas radiante em sua missão. Ao mesmo tempo em que ele a vê em algo que se assemelha a uma visão de sonho romântico, na realidade, Mary e Zamorna são amantes separados por uma vingança política, mas não por falta de amor. Para vencer o outro homem, Zamorna precisou renegar seu papel de cavalheiro: abriu mão de uma mulher para vencer o jogo contra outro homem.

Talvez ele sinta um pouco de medo quando olha para ela, medo de sucumbir às suas fraquezas diante da força de Mary. A natureza sensual que a cerca leva Zamorna a descrever Mary em linguagem de brilho, leveza, espiritualidade, graça e determinação — ela está "calma" (4) com um "passo que [...] cai como flocos de neve no chão" (6) — em

---

[18] Ato II Cena 1, *Sonho de uma noite de verão*, de William Shakespeare. (N. e Trad. da T.)

justaposição com o luxo decadente de "Vestidos, joias e máscaras e plumas que se movem" (7) ao fundo. Zamorna está atento ao seu "longo e lúcido fio de pérolas orientais" (20) que representam seu amor e sua tristeza. A imagem tem vários estratos; provavelmente é um presente de Zamorna, porque, no início do século XIX, "pérolas embelezavam como joias mais íntimas ou 'sentimentais' para transmitir mensagens pessoais, celebrando o amor ou expressando tristeza", e também há uma ligação com Southey. Zamorna compara as pérolas de Mary com as "lágrimas finalmente vertendo de suas pálpebras cerradas" (37) sobre o vestido, enquanto em sua "Elegia II", quando o poeta Southey se aproxima de Délia, ele descreve as lágrimas que se transformam em pérolas de tristeza:

> *Ela chora, ela chora! Seus olhos se inflamam de angústia,*
> *Uma história de tristeza derrete minha sentida menina!*
> NINFAS! *Recolham as lágrimas e encerrem-nas*
> *Em suas lúcidas conchas,* EMBRIÕES DAS PÉROLAS ORIENTAIS. (17-20)

Outros indicativos de devoção cercam Mary ao longo do fragmento, incluindo seu "anel de esmeralda" (55). Esmeraldas são historicamente consideradas como símbolos do amor, da compaixão, harmonia e abundância;[19] além disso, como um vislumbre de possibilidade entre as ruínas decadentes, há "pombas" (44) ou rolinhas carpideiras, que apenas têm um parceiro a vida inteira e vivem tranquilas entre as heras. Enquanto Zamorna lança seu olhar às encarnações físicas da forma de ligação entre ele e Mary, possivelmente pressinta o profundo luto de cada um. Ele observa de longe, porque quer construir um país que irá, por fim, desmoronar.

Há um sentimento iminente de perda à medida que as imagens do poema se movem através de Lake District,[20] onde as "horríveis trevas entre as gigantescas montanhas do Helvellyn"[21] (46) lançam sobre "seu domínio [...] uma sombra pesarosa" (41). Zamorna, como

---

[19] De fato, o príncipe Albert propôs casamento à rainha Vitória com um anel de esmeralda.
[20] Noroeste da Inglaterra. (N. da T.)
[21] Montanha do Lake District, ponto mais alto da cordilheira de Helvellyn, uma linha norte-sul de montanhas ao norte de Ambleside, entre os lagos Thirlmere e Ullswater. (N. da T.)

narrador, nos conta que há "várias ruínas amontoadas" (43) "cobertas de hera e cinzas/ Velhas abadias, antigos mosteiros, belos salões e torres imponentes/ Todos soterrados" (44-46), "tudo tristemente apodrecendo" (48). Depois de passar por ciclos de vida que incluíram "Noites de inverno, dias de verão, outonos amenos e doces primaveras" (47), esses monumentos construídos pelos homens, odes a filosofias masculinas sobre religião, guerra e política, agora se tornaram ultrapassados e decadentes — através da "explosão vociferante" (48) da história patriarcal —, em um tipo de esterilidade que se opõe à natureza fecunda e à promessa que cerca o retrato feminino de Mary.

O fragmento então salta no tempo para "cem anos à frente", deixando incerto o fundamento realista da visão feérica próximo à sagrada "branca Ilha ocidental"[22] (50). Talvez o tempo mude dramaticamente, porque quando Zamorna vê Mary, ele confessa: "(...) sobre mim furtou veio caiu/ Um sonho que carregou meu espírito para muito longe" (13-14), para a "sombra da grande floresta indiana" (53) onde o ar está carregado de inebriantes "brisas perfumadas" (54), enquanto "ali a dança festiva foi agraciada com teu amado [???] rei/ Junto ao profundo Ganges" sob os "raios fulgentes da lua indiana" (56-58). Seus pensamentos tiram o casal da particularidade de circunstâncias impossíveis, onde o que é público se choca com o particular.

Uma vez longe da Cidade de Cristal, o exotismo da paisagem — embora conhecida nos contos — está aqui entrelaçado com a paixão duradora de Zamorna por Mary. O encontro potencialmente restaurador pode ser visto no despertar sensual de seu espírito artístico e amoroso, há muito enterrado, incorporado à sua escolha dessa declaração poética para expressar necessidades espirituais. Em seu anseio, ele vê seu infinito, firme e puro "amor que brilha naqueles belos olhos quando os escuros cílios se cerram" (61), sabendo que quando "docemente me olhas e sorris, te quero para mim" (63).

A profunda ligação emocional entre os dois evoca o sobrenatural romântico quando Maria parece, para o narrador Zamorna, entender

---

22 Refere-se a Tír na nÓg, chamada Terra da Juventude, na mitologia celta. (N. da T.)

através de uma capacidade inexplicável que "nem pensas que estou próximo, procuras por mim agora/ sei por esse suspiro gentil e esta expressão ansiosa" (67-68), mas ele lhe reassegura, em sua conversa mental, que, de fato, ela é "Titânia, a mais linda, mais brilhante, mais bela estrela do céu do meu reino" (70).[23] Zamorna se desespera como a "aflição pode tocar a rainha das fadas" (52) e sabe que ainda poderão encontrar conforto mútuo. Ele deseja ampará-la, para que "volte ao abrigo do teu repouso, pois estou ao pé de ti/ e agora aonde fores pelos montes pelos rios pelas árvores/ Meu peito é teu lar feliz, meus braços, teu refúgio" (70-72). A feição de sua desgraça — de amantes dilacerados por circunstâncias que fugiram ao controle — está longe de ser a verdade da vingança autoimposta e destrutiva de Zamorna. Ele pode, se assim desejar, acabar com o sofrimento de ambos, apenas sacrificando sua necessidade de vingança. Esses atos de renúncia e reencontro talvez só sejam possíveis em seus sonhos.

Este novo episódio poético — um fragmento de cristal — demonstra que Mary, sua rainha das fadas de outro mundo, é a única que consegue capturar inteiramente o coração e a mente de Zamorna. Embora ele possa ter sido escandaloso com suas inúmeras amantes, e as duas esposas anteriores, Zamorna sempre volta para Mary, porque — não importam seus erros — ela ainda o vê sob a luz de sua persona romântica inicial,[24] não com a faceta byroniana como líder covarde, assim como Zamorna ainda a vê como sua única musa poética: a Beleza personificada. Poder-se-ia argumentar que Mary o segue, por ser um homem romântico e solitário que se sente alienado mesmo entre seus súditos. Como num espelho, com sua força, Mary reflete Zamorna de volta para si mesmo: "[como o] poeta que ultrapassou Byron, o guerreiro que se igualou a meu pai, o herói que fez com que a vida fosse mais leve do que a poeira ao ser pesada na balança junto com a glória".

---

23 Esta imagem de uma mulher tanto ser possuída quanto desejosa é reminiscente do potencial complexo de o amor feminino poder atrair a natureza masculina negativa em Samuel Taylor Coleridge: "mulher chorando por seu amante endemoniado" (16) é de "Kubla Khan, ou A visão de um sonho. Um fragmento" publicado em *Christabel, Kubla Kahn, and the Pains of Sleep* [Christabel, Kubla Kahn e as dores do sono] (1816).

24 O episódio mais impactante está no romance, *Caroline Vernon*, pois o seu recesso ao campo idealizado ou às "planícies campestres" (Brontë 234) ocorre quando ambos vão para uma fazenda, um tipo de inverso de "Michael" (1800), de Wordsworth. Em vez de procurar riquezas na cidade como o herdeiro de Michael, Zamorna deseja se afastar dos perigos da cidade para ir ao encontro da simplicidade da natureza.

Charlotte nos dá aqui um momento importante, pelo menos por duas razões. Primeiro, a autora não está tentando reprimir a admiração pelo herói carismático, e sim aceitá-la. Segundo, ela permite a possibilidade de que Zamorna queira retornar a um estado de desejo anterior e à própria Beleza — ele anseia por Mary em uma revelação poética de sua capacidade de suportar o amor, sentindo falta do jovem poeta que sua vida o obrigou a abandonar.

Nos escritos da juvenília de Charlotte Brontë, Lorde Charles Wellesley se diverte: "Parecia que eu era uma sombra invisível, que nem falava, comia [sic], imaginava, ou vivia por mim mesmo, mas era o mero pensamento engendrado pelo cérebro de outra criatura". Este momento de reflexão encurta a distância entre o personagem e a autora, uma vez que Charlotte está por trás do pseudônimo, esperando atravessar o espelho para os mundos abertos aos homens de letras. Que sorte eu ter me envolvido neste momento histórico; ler o texto juvenil resgatado de Charlotte Brontë, ainda que de fragmentos de cristal, nos faz lembrar que recuperar pedaços é uma chance de abrir uma janela para o passado.

Referências bibliográficas

Alexander, Christine. "Early Ambitions: Charlotte Brontë, Henry Kirke White and Robert Southey". *Brontë Studies*. 43.1 (2018): pp.14-31.

Alexander, Christine. "Introduction" in Brontës. *Tales of Glass Town, Angria, and Gondal: Selected Writings*. Ed. Christine Alexander. Oxford: Oxford University Press, 2010: pp. xiii-xliii.

Alexander, Christine and McMaster, Juliet. Eds. *The Child Writer from Austen to Woolf*. Cambridge: Cambridge University Press, 2005.

Alexander, Christine. "Defining and representing literary juvenilia" in *The Child Writer from Austen to Woolf*. Eds. Christine Alexander e Juliet McMaster. Cambridge: Cambridge University Press, 2005: pp. 70-97.

Alexander, Christine. *The Early Writings of Charlotte Brontë*. Oxford: Blackwell, 1983.

Alexander, Christine. "Angria Revalued: Charlotte Brontë's Efforts to Free Herself from her Juvenilia". 1980. *The Brontë Sisters Critical Assessments Volume I*. Ed. Eleanor McNees. 1996: pp. 442-450.

Barker, Juliet. *The Brontës: Wild Genius on the Moors: The Story of a Literary Family*. Londres: Pegasus Books, 2012.

Brontës. *Tales of Glass Town, Angria, and Gondal: Selected Writings*. Ed. Christine Alexander. Oxford: Oxford University Press, 2010.

Brontë, Charlotte. *Jane Eyre*. 1847. Oxford: Oxford, 2008.

Brontë, Charlotte. *The Letters of Charlotte Brontë Volume One 1829-1847*. Ed. Margareth Smith. Oxford: Oxford University Press, 1995.

Brontë, Charlotte. *An Edition of the Early Writings of Charlotte Brontë Volume III 1834-1835*. Ed. Christine Alexander. Oxford: Basil Blackwell, 1991.

Brontë, Charlotte. *An Edition of the Early Writings of Charlotte Brontë Volume II 1833-1834*. Ed. Christine Alexander. Oxford: Basil Blackwell, 1991.

Brontë, Charlotte. *An Edition of the Early Writings of Charlotte Brontë Volume I 1826-1832*. Ed. Christine Alexander. Oxford: Basil Blackwell, 1987.

Brontë, Charlotte. "The Return of Zamorna" in *The Miscellaneous and Unpublished Writings of Charlotte and Patrick Branwell Brontë in Two Volumes. Volume II.* Eds. Thomas Wise, John Symington e Charles Hatfield. Oxford: Shakespeare Head Press, 1938: pp. 281-314.

Brontë, Charlotte. "Zamorna's Exile", 1836. in *Legends of Angria*. Ed. Fannie Ratchford. New Haven: Yale University Press, 1933: pp. 111-47.

Coleridge, Samuel Taylor. "Kubla Khan; Or, A Vision in a Dream. A Fragment". In *Christabel, Kubla Khan, and the Pains of Sleep*. Londres: John Murray, 1816: pp. 49-58.

Gaskell, Elizabeth. *The Letters of Mrs. Gaskell*. Eds. J. A. V. Chapple and Arthur Pollard. Oxford: Oxford University Press, 1997.

Gaskell, Elizabeth. *The Life of Charlotte Brontë*, 1857. Ed. Alan Shelston. Londres: Penguin, 1975.

Glen, Heather. "Experiments in Fiction: Charlotte Brontë's Last Angrian Tales". *Women's Writing*. 14.1 (maio de 2007): pp.4-22.

Green, Dudley. *Patrick Brontë: Father of Genius*. Stroud: Nonsuch Publishing, 2008.

Langbauer, Laurie. *The Juvenile Tradition*. Oxford: Oxford University Press, 2016.

Keats, John. "The Eve of St. Agnes", in *Lamia, Isabella, The Eve of St. Agnes and Other Poems*. Londres: Taylor and Hessey, 1820: pp. 81-107.

Langbauer, Laurie. "Prolepsis and the Tradition of Juvenile Writing: Henry Kirk White and Robert Southey". *PMLA*. 128.4 (2013): pp. 888-906.

Maier, Sarah E. "Charlotte Brontë (1816-1855): (Un)Masked Author to Mythic Woman" in *Biographical Misrepresentations of British Women Writers: A Hall of Mirrors and the Long Nineteenth Century*. Ed. Brenda Ayres, Londres: Palgrave, 2017: pp. 211-229.

McMaster, Juliet. "What Daisy Knew: The epistemology of the child writer" in *The Child Writer from Austen to Woolf*. Eds. Christine Alexander e Juliet McMaster. Cambridge: Cambridge University Press, 2005: pp. 51-69.

Ratchford, Fannie. "Introduction to Zamorna's Exile". *Legends of Angria*. New Haven: Yale University Press, 1933: pp.103-109.

Ratchford, Fannie. "The Brontës Web of Dreams" 1931. *The Brontës Sisters Critical Assessments Volume I*. Ed. Eleonor McNees, 1996: pp. 423-436.

Sanders, Valerie and Emma Butcher. "'Mortal Hostility': masculinity and fatherly conflict in the Glass Town and Angria sagas" in *Charlotte Brontë from the Beginnings: New Essays from Juvenilia to the Major Works*. Eds. Judith E. Pike e Lucy Morrison. Nova York: Routledge, 2017: pp. 59-72.

Shakespeare, William. "A Midsummer-Night's Dream" in *The Complete Works of William Shakespeare*. Londres: Abbey Library, 1977: pp. 175-195.

Southey, Robert. *The Complete Poetical Works of Robert Southey, LL.D. (later poet laureate)*. Nova York: Appleton, 1846.

Victoria and Albert Museum. *Pearls*. Exhibition Introduction. Londres. 21 de setembro de 2013 — 19 de janeiro de 2014. vam.ac.uk/contente/exhibitions/exhibition-pearls/about-the-exhibition/

White, Henry Kirk. *The Remains of Henry Kirk White. Of Nottingham, Late of St. John's College, Cambridge; with an Account of his Life in Two Volumes. Volume One. Fourth Edition*. Ed. Robert Southey. Londres: Longman, 1810.

Wesley, Rev. John. *Wesleyan Methodist Magazine Volume VIII*. Londres: J. Mason, 1829.

Williams, Meg Harris. "Book Magic: Aesthetic Conflicts in Charlotte Brontë's Juvenilia". *Nineteenth-Century Fiction*. 42.1 (junho de 1987). pp. 29-45.

REINVENTANDO O CÉU

Ann-Marie Richardson

O impacto do exemplar de *The Remains of Henry Kirke White* dos Brontë sobre os fantasmas de *O Morro dos Ventos Uivantes*

A função das relíquias para recuperar um passado perdido significa que o *Remains* de Henry Kirke White apresenta uma ligação única com o cotidiano dos Brontë. No entanto, este estudo demonstrará que os irmãos também utilizaram essa antologia para compensar uma ausência: a de sua mãe, Maria (1783-1821). Este exemplar fornece, não apenas uma visão da inteligência da mãe, mas também serve como ponte entre os filhos órfãos e sua memória.

Este método de percepção póstuma é surpreendentemente semelhante à cena mais gótica de *O Morro dos Ventos Uivantes*, de Emily Brontë: a (inadvertida) invocação do fantasma de Catherine Earnshaw. Esta análise demonstrará como o fantasma do Heights — invocado ao perturbarem sua biblioteca — pode ser interpretado como uma extensão da metáfora para a função do *Remains* usado para chamar o "espírito" de Maria. Além disso, este ensaio fará uma comparação profunda entre o *Remains* e as relíquias ficcionais de Catherine, e como a poesia de Kirke White, especificamente o seminal "Clifton Grove", ajudou a moldar o enredo inicial do único romance de Emily.

Ann-Marie Richardson é doutoranda na Universidade de Liverpool. Sua tese, intitulada "Weaponised Imaginations" ["A Imaginação como Arma"], concentra-se na rivalidade fraternal nas famílias literárias do século XIX, especificamente os Rossetti e os Brontë. Seu interesse crítico por Maria Brontë foi gerado durante a pesquisa do papel de pais criativos em relação a esses escritos precoces, o que conduziu ao seu estudo atual do exemplar do *Remains* que pertenceu aos Brontë e do *Poetical Works* de Henry Kirke White.

Junto à lareira, contam a história de dois amantes, proibidos de se unirem devido à pobreza e às expectativas familiares. O casal desafia o destino que quer separá-los, mas, mesmo assim, enquanto nosso herói se ausenta por três anos, a heroína se casa com o jovem mais rico do condado. Ao retornar como homem bem-sucedido e deparar com a traição que sofrera, o herói atormenta a mulher até ela falecer em delírio, mas não sem antes dar à luz uma criança exatamente à meia-noite. A história termina com os amantes assombrando a casa onde viveram durante a infância pelo resto da eternidade.

Enquanto os estudiosos e os leitores ávidos das irmãs Brontë conseguem identificar esta história como uma sinopse rudimentar de *O Morro dos Ventos Uivantes*, de Emily Brontë, ela é na verdade um resumo da história de amor contida em "Clifton Grove",[1] de Henry Kirke White.

No entanto, como o único romance de Emily Brontë, o "esboço em versos" de Kirke White é um retrato mais destacado da importância do lugar; de memória e imagens românticas contidas em um ambiente gótico. Os paralelos desses motivos entre as duas obras são igualmente surpreendentes, embora *O Morro dos Ventos Uivantes* se estenda e complemente essa história para dar à protagonista feminina, Cathy, uma defesa mais clara do que para Margaret de Kirke White. De modo semelhante, a dissolução de Heathcliff é mais estratificada que a de Bateman de Kirke White, embora ambos sejam estoicos, enigmáticos e indesejáveis a todos, menos às amadas.

O orgulho de Patrick Brontë por ter frequentado o St. John's College com o poeta significa que sabemos que os irmãos Brontë conheciam sua obra. Porém, com a recuperação do exemplar da família Brontë, agora podemos determinar o grau de intimidade que a família literária tinha com sua poesia na infância, e a impressão indelével que o poema "Clifton Grove" causou sobre a futura escritora Emily Brontë. A hipótese desta análise é delinear em detalhe as profundas semelhanças entre essas obras, mas também o efeito da publicação propriamente

---

[1] Todas as referências subsequentes serão dadas entre parênteses. As citações deste poema são feitas em referência ao Volume II da Edição Brontë, pp. 11-28.

Emily Brontë por Patrick Branwell Brontë, óleo sobre tela, c. 1833.
© National Portrait Gallery, Londres

Retrato de Emily pintado por Branwell. O poema "Clifton Grove", de Kirke White, exerceu uma influência significativa sobre a escrita de Emily.

dita, como um remanescente tangível tanto de Kirke White quanto da mãe, Maria Brontë, sobre a estrutura e a psique da história de fantasma seminal de Emily.

É raro medir a existência de alguém a partir de sua ausência na vida de outras pessoas, mas este é o legado da matriarca, Maria Brontë (1783-1821). Daphne du Maurier,[2] em sua preferência pela terra natal que ela e Maria compartilhavam, acreditava que Emily havia herdado da mãe a "individualidade e o orgulho da Cornualha", apesar de nunca ter visitado a região (*Vanishing Cornwall*, 162). Foi essa autoconfiança, assegura du Maurier, que deu a Emily a coragem de escrever um romance "abrutalhado" como *O Morro dos Ventos Uivantes*. A maioria dos biógrafos, no entanto, acredita que tenha sido a morte prematura de Maria que exerceu sobre Emily a influência literária mais significativa. Desprezando o apoio de Patrick e da tia Branwell, Elizabeth Gaskell afirma que, devido ao fato de "os irmãos Brontë terem sido criados sem mãe", eles "ignoravam a natureza da infância" em sua alegria (*The Life of Charlotte Brontë*, 183). Suas alegações de negligência são tão enfatizadas que se conclui que Gaskell acreditava que a orfandade das irmãs Brontë foi necessária para forjar os temas "canhestros" dos quais os críticos costumavam acusá-las. Em defesa da falta de feminilidade, Gaskell arrisca dizer que isso se deve à ausência da influência de uma mãe biológica. Sendo, primeiro, escritora e depois biógrafa, o relato de Gaskell parece muitas vezes hiperbólico, a ponto de Samantha Ellis argumentar que Gaskell "nunca permite que os fatos atrapalhem uma boa história" (*Take Courage*, 88). Porém, a eloquência da descrição do luto nos romances das irmãs Brontë exibe alguma verdade em sua leitura psicológica. Se aceitarmos a crença dos irmãos em uma sessão literária como uma ilusão do desejo de que os entes perdidos permaneçam como parte da casa por meio das relíquias deixadas por eles, uma leitura mais atenta revela a influência de tais vestígios.

O luto profundo de Heathcliff vinte anos após a morte de Cathy produz alguns dos trechos mais eloquentes de suas falas, que aumentam

---

[2] Daphne du Maurier (1907-1989) nasceu em Londres e morreu na Cornualha. Escreveu *Rebecca* (1938) e *Os pássaros e outros contos macabros* (1952), ambos transformados depois em filme. (N. da T.)

quando ele descobre que o fantasma de Cathy retornou ao Heights, e atormentou um estranho, Lockwood. Em uma das cenas mais memoráveis de *O Morro dos Ventos Uivantes*, o vulto de Cathy atravessa o vidro da janela do quarto implorando para entrar na casa onde ela vivera na infância. Desesperado para vê-la, Heathcliff tenta imitar o que Lockwood fez na noite da aparição e dorme no cômodo de Cathy. Ele até deita a cabeça sobre o travesseiro para que ele e o fantasma possam dividi-lo, como fizeram quando crianças ao se esconder dos adultos no quarto, dizendo: "Abri e fechei (meus olhos) cem vezes a noite inteira — e sempre me decepcionava!" (242). Suas tentativas para invocar o espírito de Cathy são infrutíferas, e Heathcliff enlouquece de desespero, chegando a suplicar: "Ouça-me *desta* vez", sugerindo que o espectro o ignorou em diversas ocasiões (23). Por isso, recorre a métodos escusos para rever Catherine, profanando seu túmulo: "Eu vi novamente seu rosto", Heathcliff diz à governanta Nelly. "Ele ainda é o mesmo" (240).

A preservação idealizada de Cathy na memória de Heathcliff é tão completa que esta se projeta sobre o corpo da amada. Deborah Lutz, especialista dos Brontë, explora a progressão do plano de Heathcliff para profanar o túmulo de Cathy, argumentando que a ideia viera do tempo em que passou com ela no quarto. Embora o cômodo seja descrito como minimamente mobiliado, o espaço tem uma cama em forma de caixote, que se assemelha a "uma grande arca de carvalho" (15) ou, como Lutz sugere, um ataúde, quando novamente ele "entra no caixão de Catherine" (*The Brontë Cabinet*, p. xx). Foi ali que o fantasma visitou Lockwood naquela noite de tempestade quando o visitante precisou de um lugar para se refugiar, no entanto, apesar do pedido inicial de Heathcliff de que Catherine "esteja sempre com ele, sob qualquer forma" (140), seu novo contorno se esquiva, e ele se sente cada vez mais forçado a invadir seu território terreno, esperando evocar uma aparição vingativa.

Embora *O Morro dos Ventos Uivantes* tenha sido anunciado como uma história de um amor que vence a morte, apesar de a vingança ser a maior provocação para as ocorrências sobrenaturais

Uma cama-caixote, como descrita por Emily em *O Morro dos Ventos Uivantes*.
Foto por cortesia de Julie Akhurst, Ponden Hall

no romance,[3] é um estranho, Lockwood, que Cathy assombra. Isso chama a atenção para o que Lockwood fez para gerar a aparição do fantasma — e qual foi o aspecto da noite na cama-caixote que Heathcliff ignorou. A resposta é direta: diferente de Heathcliff, que perturba seu cadáver, Lockwood perturba os livros de Cathy.

A cama-caixote da infância de Catherine parece menos um caixão do que uma saleta ou uma "biblioteca particular": o projeto inclui um pequeno armário e um peitoril junto à janela, que serve como uma escrivaninha improvisada (15). Entalhadas no peitoril da janela, há várias inscrições do nome de Catherine, os rabiscos juvenis, alternando os sobrenomes Earnshaw, Heathcliff e Linton. Na prateleira destruída, há uma pequena coleção de livros de exercícios e Bíblias que Cathy usou na infância, e Lockwood percebe que os exemplares estão "mofados" pelo tempo e em "estado desmazelado" devido ao excesso de uso. Dentro desse pequeno conjunto, quase todas as páginas dos volumes estão cheias de anotações infantis, como Lockwood observa: "quase nenhum capítulo escapou de um comentário feito à tinta" (15). Fascinado pela narrativa da infância conflituosa em cada rabisco, Lockwood passa a noite tentando decifrar aquela escrita juvenil, até que "um brilho

---

[3] Para mais leitura sobre o "marketing" da história de amor de *O Morro dos Ventos Uivantes*, veja Kamilla Elliott. *Rethinking the Novel/Film Debate* [Repensando o debate entre o romance e o filme]. Cambridge: Cambridge University Press, 2003. "Capítulo 5: Cinema literário e o debate entre forma e conteúdo", pp. 133-181.

de letras brancas surgiu no escuro" diante dele, "vívidas como espectros — o ar se encheu de Catherines" (15). Logo depois, um espectro real apareceu do lado de fora da janela, oposto à prateleira de livros, pedindo para entrar no Heights. Enquanto as palavras ditas por Heathcliff não conseguiram atrair o fantasma, as palavras grafadas tiveram o poder de invocá-la. Além disso, ao ler o que Cathy escreveu quando criança, Lockwood não apenas permite que surja uma imagem clara da personalidade dessa moça até então desconhecida, mas literalmente dá vida ao seu fantasma.

Imagine a luta aterrorizante de Lockwood com o espectro: quando o braço do fantasma atravessou o vidro da janela do quarto, Lockwood "puxou-o pelo pulso pela vidraça quebrada e esfregou-o indo para frente e para trás, até o sangue escorrer e encharcar os lençóis" (20). A partir dessa descrição entendemos que o fantasma de Cathy é tangível, capaz de sangrar, o que contraria a afirmação gótica que se conhece de que os espíritos sejam incorpóreos. Por um momento, parece que as palavras escritas não apenas causam a visita do fantasma como devolvem Cathy a uma presença terrena em que ela pode sangrar e atravessar a janela. Quer leiamos isso como um pesadelo ou uma aparição, esse ápice gótico da narrativa alude ao poder da palavra escrita para invocar quem a escreveu, apesar dos limites evidentes. Isso enfatiza a força que os jovens Brontë atribuíam à herança desbotada deixada após a morte de um ente querido.

Embora esta análise enfoque predominantemente a morte da mãe, a perda durante a infância da irmã mais velha, Maria, também moldou as passagens elegíacas da literatura dos irmãos e contribuiu para nossa leitura do exemplar do *Remains* que pertenceu aos Brontë. Maria, como a mãe, de quem ela recebeu o nome, também deixaria um raro resquício literário de sua existência no Presbitério, como observa Charlotte em seu "History of the Year" [Histórico do Ano] (1829). Com estilo jornalístico, Charlotte Brontë, aos treze anos incompletos, detalha o início da juvenília quando os irmãos brincam com uma caixa de soldadinhos que pertenciam a Branwell. Esses legionários de brinquedo iriam conduzir a criação dos primeiros personagens ficcionais dos irmãos Brontë. Antes disso, no entanto,

Charlotte explica que havia, à sua frente, enquanto escrevia, um antigo livro de geografia que o pai emprestara à irmã mais velha. Quatro anos depois da morte da irmã, Charlotte folheia o livro e observa:

> ela [Maria] escreveu na folha de rosto "Papa me emprestou este livro". Este livro tem cento e vinte anos.[4]

Em seu diário, ela continua a descrever as atividades incessantes na casa da família Brontë:

> Anne, minha irmã mais nova (Maria era a mais velha), está ajoelhada na cadeira [...] Emily está na saleta, escovando o tapete. Papa e Branwell foram para Keighley. Titia está no andar de cima.

O nome de Maria está incorporado às atividades diárias do Presbitério, de modo que essa memória poderia renovar sua presença ali. Este livro antigo se transforma em um tesouro, não por causa do tempo, mas do pequeno vandalismo de Maria, um raro resquício da irmã, cuja escrita jamais seria incorporada à juvenília dos irmãos.

Compreensivelmente, a tristeza dessa perda foi aumentada para Charlotte quando, em 1829, ela passou a considerar os irmãos sobreviventes como coautores, os Gênios companheiros da Confederação da Cidade de Cristal em sua juvenília. Essa atividade era uma das quais as irmãs, Maria e Elizabeth, jamais poderiam participar. Seu texto, portanto, permite que Charlotte integre a irmã às atividades diárias do Presbitério e em sua escrita coletiva, porque ela não está mais invisível. Essa resistência à invisibilidade através da escrita está incorporada ao fantasma de *O Morro dos Ventos Uivantes*, uma presença literal formada a partir de sua ausência.

Assim é intrigante que Heathcliff, ao relatar o permanente luto por Cathy, reconheça: "O que para mim não está ligado a ela? (...) e o que não faz com que eu me lembre dela? (...) [o] mundo inteiro é uma terrível coleção de lembranças de que ela existiu, e de que eu a perdi!" (270).

Diante da descrição quase material da natureza da dor de Heathcliff, somos lembrados dos poucos objetos que pertenceram a Maria,

---

[4] Charlotte Brontë, *The History of the Year*, 12 de março de 1829, in Juliet Barker, *The Brontës: A Life in Letters* (Londres: Viking, 1997), pp. 11-12.

"Histórico do Ano", escrito por Charlotte em 12 de março de 1829, aos treze anos incompletos.

deixados como mementos[5] para os filhos, devido às imprevistas e trágicas consequências do naufrágio que resultou na perda de seus pertences. Discutivelmente, portanto, o aspecto mais infeliz de *The Remains of Henry Kirke White* é a falta de anotações por parte da própria Maria. Embora eles soubessem que o livro pertencera à mãe, não havia nenhum sinal deixado por ela que os filhos pudessem ler. Ao mesmo tempo em que Maria não tenha deixado visível seu papel na história deste livro, Patrick utiliza sua escrita para dar vida à memória da mulher. Na folha

Retrato em aquarela da jovem Maria Brontë, Branwell, de solteira. O pintor é desconhecido — depois foi copiado por Charlotte.

de rosto da edição dos Brontë, Patrick declara que o livro pertencera à sua "amada esposa" com a promessa de que ele "sempre será preservado". Esta necessidade de manter um sentido de propriedade após a morte para sustentar uma presença literária, é ecoada na Bíblia de Cathy em *O Morro dos Ventos Uivantes*, com a declaração na folha de rosto: "Este livro pertence a Catherine Earnshaw" (15).

Patrick se dá a custódia da biografia de Kirke White que pertencera a Maria, como a filha mais velha fez com o livro de geografia do pai. Evidentemente, Patrick, como as filhas, acreditava que escrever seria uma oportunidade para interagir com os entes que tinham amado e perdido. Sem dúvida, esta crença foi reforçada ao ler o *Remains*, o que lhe dava a chance de examinar as palavras do amigo e saudar a memória da esposa. A amizade com Kirke White também é confirmada por

---

5 Recordações.

meio de suas anotações. O poema "Solitude", por exemplo, é um dos mais anotados do exemplar dos Brontë, com a caligrafia familiar de Patrick da folha de rosto, declarando o poema como *"chef d'oeuvre"*, obra-prima de Kirke White.

O *Remains* era um duplo repositório de memórias da mulher e do colega permutante da universidade; a honra de ter conhecido este poeta está encapsulada ainda em outra anotação em que Patrick declara ter "todos os motivos para acreditar que o louvor prestado a ele [White] (...) foi bem merecido". Ler, para Patrick, criava uma síntese literária, tanto com Kirke White, o autor, quanto com Maria, a dona original do livro.

Emily Brontë amplia esta prática ao incorporar as memórias como fantasmas reais. O significado que o pai e a irmã Maria davam à propriedade e identidade está refletido na biblioteca "seleta" de Catherine, quando ela afirma que aquele livro de exercícios é seu, bem como no ensaio da escrita dos seus potenciais sobrenomes. Estar dividida entre Heathcliff e Edgar aparece na alternância entre os nomes "Heathcliff" e "Linton", embora tal incerteza não esteja refletida no livro da mãe; já vimos a importância de estabelecer a identidade que o livro de Kirke White exemplifica. Sobrenomes são até corrigidos na seção de correspondência do livro. Na transcrição de uma carta de 1805 à mãe, Kirke White explica ter tomado

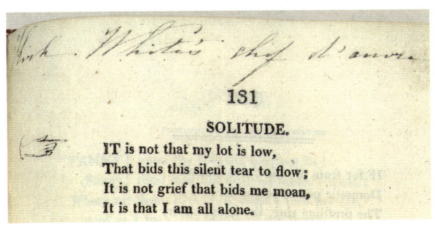

Uma das anotações declara que este poema é a obra-prima de Kirke White.

emprestadas as contas de um colega mais econômico para aprimorar os próprios gastos. Na edição cuidadosa de Southey, no entanto, o nome do "distinto" colega é redigido como "Sr. ***". Patrick, porém, emenda, colocando um pequeno sinal ao lado da omissão e na margem direita simplesmente acrescenta a nota: "Brontë". Visivelmente orgulhoso por sua associação a Kirke White, Patrick queria deixar claro para a família que o respeito era mútuo, ligando-se tanto ao poeta quanto à mulher, duas memórias que ele desejava preservar.

No entanto, embora Lockwood lesse as memórias de Catherine, ele não tinha nenhuma recordação dela. A natureza desassociada da ligação entre Lockwood e Cathy — a personalidade dela apenas acessível para ele através das memórias de Cathy e de lembranças alheias — se iguala à resposta emocional que Emily pode ter tido por apenas se comunicar com a mãe através dos resquícios literários que ela possuíra, uma sensação tangível da inteligência de Maria. Consequentemente, Emily, os irmãos e o pai escreveriam nas páginas do *Remains* em uma colaboração póstuma com o que havia restado de Maria. As anotações infantis respondiam aos seus poemas favoritos para formar um diálogo intelectual unilateral com as relíquias da mãe.

Da mesma forma os irmãos permitiriam momentos de sua vida diária, assim como sua ficção inicial, espalhando-os pelas margens do exemplar do *Remains*. Há equações matemáticas feitas nos espaços em branco, e letras de forma minúsculas, exercitando a ortografia de palavras de modo infantil. A margem do poema "Solitude", por exemplo, contém uma anotação de como soletrar a palavra "peça" ("*piece/peice*") em inglês.

Psicologicamente através desse ato, eles pedem que os vestígios da mãe entrem em seu dia a dia como Charlotte acreditava que o "Histórico do Ano" fizera por sua irmã. Do mesmo modo, nos livros favoritos de Catherine, cada espaço em branco é preenchido com comentários, como Lockwood observa: "algumas frases eram soltas; outras assumiam a forma de um diário regular, rabiscadas com uma caligrafia disforme e infantil" (15).

Rabiscos ingênuos cobrem as páginas do *Remains* do mesmo modo. É intrigante que Lockwood tenha descoberto livros de exercício,

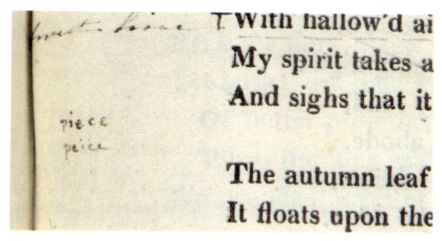

Uma anotação sobre a ortografia da palavra "peça" ("piece") em inglês, ao lado do poema "Solitude".

Taquigrafia Byrom, que Patrick teria aprendido durante o período em que estudou em Cambridge.

enquanto o *Remains* também servia como caderno de aula sob esse ponto de vista, contendo lições de inglês, aritmética e até taquigrafia — provavelmente escrito por Patrick; a taquigrafia inventada por Byrom[6] era comumente estudada pelos alunos de Oxbridge.[7]

---

6   John Byrom (1692-1763), poeta inglês, inventou o primeiro método de taquigrafia em 1742, que mais tarde foi usado por John e Charles Wesley, fundadores da Igreja Metodista. (N. da T.)

7   Oxbridge é a palavra criada para designar Oxford e Cambridge, as duas mais antigas e prestigiadas universidades do Reino Unido. (N. da T.)

É improvável que Emily e as irmãs tenham sido capazes de interpretar o trecho, da mesma maneira que Lockwood luta para decodificar os garranchos de Cathy, que ele descreve como "hieróglifos apagados". A taquigrafia pode ter parecido tão indecifrável quanto os hieróglifos para a destreinada Emily, embora as palavras de Cathy estivessem codificadas por sua caligrafia desordenada de criança em vez de um modo de escrita específico. Assim que Lockwood consegue entender os hieróglifos de Cathy, encontra as anotações esporádicas de um diário, detalhando um cotidiano muito mais tempestuoso com o irmão, descrevendo-o como "detestável": "sua conduta com Heathcliff é atroz. — H. e eu vamos nos rebelar" (16).

Embora mais detalhada do que as anotações ocasionais dos Brontë, esta visão da rotina diária é reminiscente do talento dos irmãos para misturar, sem esforço, o dia a dia com a ficção, resumido no "Histórico do Ano" de Charlotte e nos textos sobre Gondal de Emily e Anne. Enquanto essas comparações entre os rabiscos de Cathy e os dos irmãos Brontë têm sido, até aqui, alusões sutis, há um grafite que atrai a admiração de Lockwood, e apresenta a maior semelhança com os rabiscos encontrados no *Remains*: "uma excelente caricatura do meu amigo Joseph", o hipócrita serviçal do Heights, "esboçado de modo

Esboços encontrados entre as páginas do *Remains*.

Note a semelhança entre o esboço à esquerda e os desenhos no caderno de Branwell quando trabalhava em Luddendenfoot.

rude, porém poderoso. Um interesse imediato se acendeu dentro de mim pela desconhecida Catherine" (17).

Com passatempos de escrita e desenhos, os rabiscos dos Brontë podiam incluir esboços, no entanto, os desenhos "rudes, porém poderosos" do *Remains* são reminiscentes dos esforços juvenis de Charlotte e Branwell. Além disso, esses esboços rudimentares, desenhados nas páginas da biografia, são reminiscentes dos esboços dos personagens de Angria de Charlotte e Branwell. Rabiscado na última página, por exemplo, há um esboço de um jovem de cabelos encaracolados com feições angulosas, muito parecidas com as imagens grosseiras rascunhadas no caderno de Branwell Brontë durante o trabalho como mestre da estação de ferro em Luddendenfoot. Ilustrações de rapazes fortes e determinados, semelhantes a este, são a imagem padrão da antologia de Angria de Charlotte e Branwell, em geral retratando os heróis mais infames da saga. A juvenília era uma presença constante na mente dos irmãos Brontë, com rascunhos de personagens rabiscados ao acaso no caderno de Branwell em Luddendenfoot, bem como no manuscrito de Charlotte, de 1829, do poema "Amanhecer".

A inclusão de imagens de Angria no *Remains*, junto com as lições diárias, demonstra um esforço para fundir a relíquia de Maria com

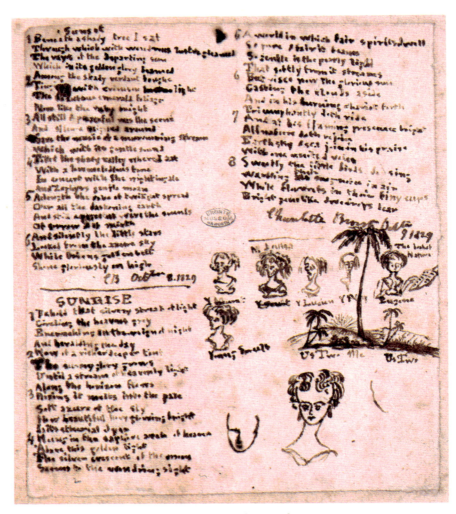

O manuscrito de Charlotte do poema "Amanhecer", de 1829.

os aspectos ficcionais e não ficcionais das vidas dos filhos. Como o "Histórico do Ano" de Charlotte incorporou as palavras escritas pela irmã com as origens de sua juvenília, os desenhos feitos no *Remains* englobam o livro e a memória de sua dona dentro do corpo literário da Cidade de Cristal. A inclusão da memória da mãe nos escritos juvenis é muito significativa, porque os irmãos inicialmente consideravam a juvenília como uma recreação particular entre eles. Os pequenos "romances" e a escrita minúscula, de acordo com muitos biógrafos,[8] demonstram o esforço para evitar que os adultos os lessem, e ainda assim, no desejo de conhecer melhor a mãe que haviam perdido, os limites entre a imaginação e um pós-vida literário são enevoados, como em *O Morro dos Ventos Uivantes*.

O "Histórico do Ano" de Charlotte mais uma vez fornece uma visão da mentalidade inicial dos irmãos quando ela descreve os textos que ela e Emily estão escrevendo, baseados nas aventuras desses soldados de madeira, que as irmãs batizam de *"bed plays"*. Charlotte explica que essas "brincadeiras na cama" "significam jogos secretos, que são muito bons; todas as nossas brincadeiras são muito estranhas [sic]". Como para muitas crianças, seus quartos eram considerados santuários, longe dos cuidados do dia a dia e das tarefas, retratados em outro lugar no diário de Charlotte. Embora não sejam secretas, as camas das crianças são espaços privados onde a imaginação pode alçar voo, como nos sonhos. Também descobrimos no "Histórico do Ano" que Emily e Charlotte "pularam da cama [sic]" quando Branwell entra com aqueles soldadinhos, assim o quarto se torna o ponto central para a criatividade deles.

De repente, a aparição do fantasma em *O Morro dos Ventos Uivantes* através da janela da "cama-caixote" ganha um novo significado: não apenas o espírito é invocado pela palavra escrita, mas seu chamamento literário ocorre na base da ficção dos Brontë — a cama. O formato da cama-caixote exagera a segurança que Emily e os irmãos teriam sentido ao construir seus mundos imaginários no quarto de dormir. O fato de o formato da caixa de carvalho lembrar janelas de carruagens remete ao poder de transporte da cama (15), e o duplo papel como pequena biblioteca é mais uma prova da função apócrifa do espaço.

Emily constrói um lugar onde Lockwood pode cerrar o painel da cama e criar um "quarto dentro de um quarto", incorporando o poder escapista da imaginação quando Lockwood fecha os painéis e se sente "seguro da vigilância de Heathcliff e de todos" (15). Assim,

---

[8] Para mais informações, veja Juliet Barker, *The Brontës* (Londres: Abacus, 2010), pp. 234-235.

a cama ocupa um espaço entre a dura realidade de um Heights dominado por Heathcliff e a janela pela qual entra o fantasma. Um lugar intermediário — não inteiramente separado, embora não inteiramente incluído — entre a terra e o céu.

Deborah Lutz observa esse aspecto de purgatório da cama-caixote nas esperanças de Heathcliff de que o fantasma de Cathy virá visitá-lo: "acreditando que ele poderá encontrá-la ali (...) ele morre, e o romance sugere que a cama fornece um portal para outra esfera, onde existem fantasmas" (*The Brontë Cabinet*, xx). O espírito de Cathy, no entanto, não é o fantasma etéreo e intocável que nos ensinaram, mas um ser formado por memórias e textos.

Os irmãos Brontë acreditavam que a ficção fosse um condutor para os espíritos daqueles que eles haviam perdido e, com o estímulo de Patrick, estudaram esses poucos objetos que a mãe havia deixado, com uma maioria de peças literárias. Charlotte, em carta para Hartley Coleridge, por exemplo, lembra que algumas edições de *Lady's Magazine* estavam entre os objetos recuperados do naufrágio.[9] Infelizmente, esse compêndio de publicações não sobreviveu à sua juventude, como Charlotte tristemente recorda: "em um dia negro, meu pai queimou-as por conterem tolas histórias de amor". Vimos, em sua evidente estima pelo *Remains*, que Patrick desejava preservar a memória da esposa. Assim, o fato de roubar de si — e dos filhos — uma rara recordação de Maria mostra a extensão de sua dor.

Emily, em um tom um tanto amargo, imita essa incineração de uma história de amor em *O Morro dos Ventos Uivantes*, quando uma constrangida filha de Catherine suplica que Nelly queime algumas cartas amorosas entre ela e Linton Heathcliff, acreditando-as românticas demais para serem decentes: "Se eu concordar em queimá-las", diz Nelly, "jura nunca mais escrever ou receber cartas novamente?" (190). A imaturidade da segunda Catherine nesta cena é bastante exagerada, focando em sua personalidade "meninota" e "infantil", e as "súplicas de que eu [Nelly] deveria queimá-las não servem para outra coisa senão mostrá-las" (190). Este comentário sarcástico de "não servem para outra

---

[9] Carta de Charlotte Brontë a Hartley Coleridge, 10 de dezembro de 1840, in *A Life in Letters*, pp. 85-87.

coisa senão mostrá-las" parece um eco do amargor que Emily e as irmãs devem ter sentido em relação ao pai quando ele destruiu as revistas. O significado que Emily colocou nos bens perdidos da mãe é visto aqui no uso de Nelly, embora cínico, da descrição de "tesouro", ao se referir às cartas. O termo também é usado na narrativa de Lockwood quando ele descreve as anotações no primeiro livro de exercícios de Cathy como "um verdadeiro tesouro" (17). De que outra forma uma jovem escritora chamaria estas relíquias recuperadas do naufrágio senão de "tesouros", esses objetos que pertenceram à mãe, que se tornaram preciosos por causa de sua morte e por serem raros? Por que, então, Patrick tiraria essas revistas, que tinham grande valor sentimental, dos filhos?

Podemos compreender melhor a percepção de Patrick quando avaliamos quais remanescentes de Maria que os filhos tinham permissão de ler. Enquanto de fato eles eram encorajados a ler a poesia de Kirke White como testemunho da natureza erudita da mãe, qualquer coisa que se referisse à ligação romântica entre o casal o incomodava. Em outra recordação do legado literário de Maria, Charlotte se lembra de ler as cartas da mãe, escritas durante o namoro com Patrick em 1812. Vendo as longas declarações de lealdade a Patrick, Charlotte descreve ter percebido, na mãe, um aspecto de "refinamento, constância, modéstia, inteligência, gentileza (...) indescritíveis".[10] Porém, ela somente pôde ler esta descri-

Patrick Brontë quando jovem.

---

10 Carta de Charlotte Brontë a Ellen Nussey, 16 de fevereiro de 1850, in *A Life in Letters*, pp. 266-267.

ção da personalidade de Maria em 1850, quando Patrick lhe entregou um "pequeno pacote de cartas". Imediatamente, sentimos compaixão pelos irmãos falecidos de Charlotte, ainda mais quando ela especifica ser a "primeira vez" que tem acesso àquelas cartas. Charlotte deve ter compreendido a magnitude desse fato por seus irmãos não estarem mais presentes para poder compartilhar aquele momento com ela. Evidentemente, ao mesmo tempo em que Patrick desejava que os filhos conhecessem Maria como uma mulher vibrante, ele protegia sobremaneira seu relacionamento pessoal com ela. Apenas quando lhe restou somente um dos filhos, Patrick conseguiu compartilhar sua história de amor com Maria.

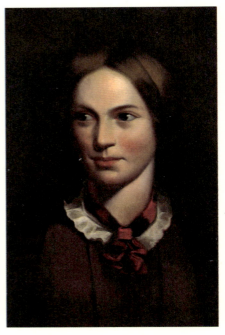

Charlotte precisou esperar até que todos os irmãos tivessem morrido para que o pai lhe permitisse o acesso às cartas da mãe.

Esta cautela ecoa no medo da segunda Catherine, de que o pai, Edgar Linton, descubra as cartas de amor: "Não conte a papai. Você não contou a papai, não é, Ellen? Diga-me que não contou?" (189). A sensibilidade ao sentimentalismo de Edgar está espelhada na evasiva em falar sobre Catherine Earnshaw à filha, imitando a reserva de Patrick. Embora a *Lady's Magazine*, como a biografia de Kirke White, não contivesse exemplos da escrita de Maria, a mera presença de histórias de amor se tornou insuportável para o viúvo. Através do fantasma de Cathy, no entanto, Emily deixa transparecer a frustração por ter sido mantida longe da verdadeira história de amor de seus pais.

Sem a mãe para compartilhar a história, o primeiro relato familiar permanece com um pai reticente. Porém, Emily podia invocar uma antiga encarnação de Patrick, como Lockwood faz com os livros da juventude de Cathy, para entender melhor sua história. Raros vislumbres da forte paixão dos pais estavam contidos em outros escritos: nos poemas de Patrick.

Durante o período em que ele lhe fez a corte, Patrick celebrou seu relacionamento com Maria com o poema "Lines, Addressed to a Lady, on her Birth-Day" [Versos a uma Dama no Dia do seu Aniversário] — "Maria, caminhemos e respiremos o ar da manhã" (l.51) —, e em outro, "Kirkstall Abbey" [Abadia de Kirkstall],[11] marcando as ruínas ao norte onde ele a pediu em casamento:

> O céu disforme se abriu em solene escuridão,
> Lembrando à mente pensativa, até o túmulo silente [sic],
> E pediu-nos para preparar outro mundo.
> (ll.87-89).

Emily parece responder aos versos românticos do pai em seu poético precursor de *O Morro dos Ventos Uivantes*, um conto sobre Lorde Alfred, em Gondal, que, depois de morrer em um distante campo de batalha, retorna para assombrar seu lar, o "Castelo de Aspin".[12] O poema de Emily, "Escrito no Castelo de Aspin", retrata o fantasma de Lorde Alfred assombrando a casa, visto com frequência pelos camponeses vizinhos:

> (...) seu espírito irremissível
> Vaga desprotegido longe dos céus
> Um exilado por toda a eternidade
> (ll.81-83)

Estes versos são lidos como um antecedente ao sonho de Catherine de ascender aos céus em *O Morro dos Ventos Uivantes*: "o céu não parecia um lar; e parti meu coração de tanto chorar para retornar à terra; e os anjos ficaram tão bravos que me lançaram no meio do charco no alto de Wuthering Heights" (66).

Cathy prefere o lar terreno ao céu, para ficar com Heathcliff na terra. Da mesma forma, a poesia romântica de Patrick contempla o

---

[11] Patrick Brontë, "Versos a uma Dama no dia do seu aniversário" (pp. 82-85), "Kirkstall Abbey" (pp. 76-80), in *Brontëana: The Rev. Patrick Brontë, A.B., His Collected Works and Life*. (Bingley: T. Harrison & Sons, 1898).

[12] Emily Brontë, "Escrito no Castelo de Aspin", pp. 139-142, em *The Complete Poems*. Ed. Janet Gezari. (Londres: Penguin Books, Ltd. 1992).

inevitável lapso de tempo que ameaça levar embora seu amor, como quer o destino. O poema, "Versos a uma Dama no Dia do seu Aniversário",[13] lamenta que o tempo e a morte desmanchem sua imagem:

Logo, teus olhos azuis brilhantes
E teus lábios aveludados, de tom carmim,
Descoloridos, fenecerão
(ll.16-18)

Patrick, no entanto, conclui que alguém que tenha sido tão faiscante na terra será ainda mais no céu, onde:

(...) em vestes de luz divina,
Atrairás a inveja dos anjos.
(ll.65-66)

Lorde Alfred parece imitar o exílio celestial da nobre por quem lutara em vida, conhecida na saga de Gondal como A.G.A. Lorde Alfred queria ser lembrado por ter servido a essa mulher, mas ela também falece:

Aqueles olhos agora são pó — aqueles lábios agora são terra —
Aquela forma se desfez completamente.
(ll.84-85)

Emily espelha a linguagem de Patrick — mas não os sentimentos dele —, e os personagens de Emily não se reencontram no céu, mas neste limbo literário que ela criou, representado pelo santuário no interior da cama-caixote. O rosto do fantasma na janela não apenas representa o véu entre o mundo tangível e o intangível, mas o estilhaçar do vidro — depois de ler o que Cathy escrevera — demonstra como a interação literária pode fazer cair o véu. A recitação das palavras escritas é também uma chave no poema de Emily. Ao imitar a linguagem de Patrick, ela lhe apresenta as únicas "visões" que teve da mãe: sua morte e sua presença literária indireta. Se ela só pode conhecer Maria no aspecto literário, e mesmo assim de forma indireta, Emily imagina outra dimensão literária, na qual se comunica com a mãe perdida por meio da literatura que ela amava.

---

13 Patrick Brontë, "Versos a uma Dama no dia do seu aniversário", in *Brontëana*, pp. 44-45.

> **CLIFTON GROVE.**
>
> A Sketch in Verse.
>
> LO! in the west, fast fades the lingering light,
> And day's last vestige takes its silent flight.
> No more is heard the woodman's measur'd stroke
> Which, with the dawn, from yonder dingle broke;
> No more, hoarse clamouring o'er the uplifted head,
> The crows assembling, seek their wind-rock'd bed;
> Still'd is the village hum—the woodland sounds
> Have ceas'd to echo o'er the dewy grounds,
> And general silence reigns, save when below,
> The murmuring Trent is scarcely heard to flow;
> And save when, swung by 'nighted rustic late,
> Oft, on its hinge, rebounds the jarring gate:
> Or, when the sheep bell, in the distant vale,
> Breathes its wild music on the downy gale.
>
> Now, when the rustic wears the social smile,
> Releas'd from day and its attendant toil,
> And draws his household round their evening fire,
> And tells the oft-told tales that never tire:
> Or, where the town's blue turrets dimly rise,
> And manufacture taints the ambient skies,
> The pale mechanic leaves the labouring loom,
> The air-pent hold, the pestilential room,
> And rushes out impatient to begin
> The stated course of customary sin:

Os primeiros versos de "Clifton Grove", de Henry Kirke White.

Determinada a formar uma imagem da mãe, Emily folheou e interagiu com *The Remains of Henry Kirke White*, e em "Clifton Grove" ela encontrou um "espírito semelhante" em todos os sentidos dessa expressão. Uma vez estabelecidos os paralelos do enredo entre este poema e *O Morro dos Ventos Uivantes*, é difícil imaginar que "Clifton Grove", de Kirke White, teria sido poupado dos rabiscos infantis que os irmãos Brontë deixaram nas margens do livro.

REINVENTANDO O CÉU

As páginas estão praticamente inalteradas, à parte das marcas deixadas pelo tempo em que a biografia passou no mar. No entanto, há dois minúsculos rabiscos que nos ajudam a compreender o impacto que o poema exerceu durante os anos de formação dos irmãos Brontë. O primeiro rabisco diminuto é difícil de ver com clareza, mas, examinando-o de perto, o esboço traça um pequeno portão, que parecem dois pequenos mastros unidos por uma cruz. O segundo é bem mais obscuro; quem o fez rabiscou uma forma retangular — alinhada com as estrofes de Kirke White — com pequenas formas estranhas elevando-se verticalmente em relação à base, como as velas de um barco viking. Embora seja muito mais desafiador interpretar rabiscos do que a maioria das anotações feitas nas margens, a colocação no texto de Kirke White torna-os ainda mais intrigantes. Diferente das ilustrações salpicadas ao longo das páginas de forma aleatória, estes esboços estão estrategicamente posicionados, marcando o meio de uma estrofe e o final de outra, respectivamente, sete páginas à frente.

O esboço do "portão" assinala um verso que nos fala de uma "muito famosa Moça de Clifton" (l.252) que inspirou o poema de Kirke White. Com base no folclore,[14] a Bela Moça de Clifton, conhecida em sua época como "Margaret", era considerada a mulher mais bela do condado, senão de toda a Inglaterra. Como uma resposta de Nottingham a Helena de Troia, Kirke White descreve como Margaret foi cortejada por vários homens, e cada um "confessou-lhe pessoalmente seu sofrimento" (l.254), mas ela "expressou desdém" (l.267) por todos, exceto por seu amado Bateman. O esboço do "portão" indica o início desses versos:

Porém nem a todos a moça expressou desdém;
Seu amado Bateman também não a amava em vão.
Sempre, sussurrando sob os galhos frondosos,
Os ecos respondiam às suas juras,
Aqui bem escondidos da luz do dia,
Apaixonados, decidiram amar em segredo.
(267-272)

---

[14] Para mais informações, veja "A Bela Moça de Clifton" ["The Fair Maid of Clifton"], de Frank E. Earp, *nottingham-hidden-history-team*, 2013, https://nottinghamhiddenhistoryteam.wordpress.com/2013/03/11/the-fair-maid-of-clifton/ Para mais informações, veja *Annals of Nottinghamshire: History of the County of Nottingham, Including the Borough* Vol. III. (Londres: Simpkin, Marshall, and Co., 1853).

Far from these smiling fields, a rover went,
O'er distant lands, in search of ease to roam,
A self-will'd exile from his native home.

Yet not to all the maid express'd disdain,
Her BATEMAN lov'd, nor lov'd the youth in vain.
Full oft, low whispering o'er these arching boughs,
The echoing vault responded to their vows,
As here deep hidden from the glare of day,
Enamour'd oft, they took their secret way.

O esboço do "portão".

And many an infant at its mother's breast,
Started dismayed, from its unthinking rest.
And even now, upon the heath forlorn,
They shew the path, down which the fair was borne
By the fell demons, to the yawning wave,
Her own, and murder'd lover's, mutual grave.

Such is the tale, so sad, to memory dear,
Which oft in youth has charm'd my listening ear,
That tale, which bade me find redoubled sweets
In the drear silence of these dark retreats;

O esboço do barco viking.

CLIFTON GROVE
Henry Kirke White

Eis que no Ocidente logo esvanece a luz que ainda resta,
E os últimos vestígios do dia desaparecem no silêncio.
Não mais se ouve a batida ritmada do lenhador,
Que com a manhã rompeu ao longe pelo desfiladeiro;
Não mais o rouco clamor acima das cabeças levantadas,
Os corvos reunidos procuram o ninho embalado pelo vento;
Silente a balbúrdia da vila — os sons da floresta
Cessam de ecoar sobre os campos orvalhados,
E reina o total silêncio, exceto quando abaixo
O rumoroso Trent[1] corre sem ruídos;
E salvo quando, aberto pelo serviçal camponês,
Nas dobradiças, rebate o portão estridente;
Ou, quando o sino da ovelha, no vale distante,
Respira na brisa sua música selvagem.

Agora, quando o camponês abre o sorriso cordial,
Livre do trabalho e da faina diária,
Atrai sua família à noite em torno da lareira,
Para contar as mesmas lendas sem se cansar;
Ou, onde as torres azuis se erguem no lusco-fusco,
E a fábrica tinge os céus,
O pálido artífice abandona o tear,
O ar comprimido, a sala pestilenta,
E sai às pressas, impaciente para dar
Curso ao seu pecado costumeiro:
Mas agora faço uma curva em meu caminho solitário,
Onde solenes bosques estão em estado lamentável:
E as escarpas, que se elevam audazes acima da planície,
Mostram, abençoado Clifton! —, teu sublime domínio.
Aqui vagando sozinho sob os caramanchões silvestres,
Venho passar uma hora para meditar;
Para pedir que a luta passional cesse por algum tempo,
E conquiste a calma da paz e da solidão.
E, ó, tu, Poder sagrado, que crias no alto
Teu trono arborizado, onde álamos ondulantes suspiram!
Gênio das sombras da floresta, cujo leve controle
Rouba com a magia à que a alma não resiste,
Vem com teu ardor, e inspira
Meu peito iluminado com teu fogo sagrado!
E tu também, Fada, de tua esfera estrelada,
Onde para os orbes de hinos emprestas teus ouvidos,
Desce e abençoa minha visão arrebatada,
Velada em visões suaves de sereno prazer.
Ao teu comando os ventos que passam
Carregam em seus sussurros uma mística harmonia.
Sacodes a varinha, e eis que formas surgem!
Que vultos gigantescos emergem na penumbra!

Os espectros de Ossian[2] roçam o vale brumoso,
E hostes de sílfides navegam os raios da lua.

Essa sombria alcova que escurece a vista,
Onde as copas das árvores criam uma noite eterna;
Salvo quando ao longe desce um facho de sol,
Refletido, empresta uma dúbia impressão de dia;
Relembra, cativando minha mente alterada,
Vezes, quando sob a sebe cortada e reclinada,
Eu observava a tarambola cercando a ninhada estridente;
Ou atraía o pintarroxo espalhando-lhe comida;
Ou acordava cantando com o eco selvagem da floresta,
E sorria ao ouvir-lhe a alegre resposta.
Quantas vezes, quando a infância lançava seus raios dourados
De alegre enlevo em todos os dias felizes,
Aqui, eu corria, menino visionário,
Quando a rouca tempestade sacudia a abóbada celeste,
E, conduzido pela fantasia, contemplei a forma do Todo-Poderoso,
A popa fugindo do redemoinho da tempestade;
E ouvi, enquanto o pavor congelava o mais íntimo da minha alma,
Sua voz maviosa reverberar no trovão.
Com secreta alegria vi com brilho vívido
Os relâmpagos bravios cortarem o ar soturno;
E, enquanto os ventos hostis à volta injuriavam
Com prazer descomunal — eu ouvi e sorri.
Amada lembrança! — Memória que encanta
Este lugar silencioso à medida que envelheço,
Aqui vive a eterna paz, o eterno descanso;
Em sombras assim, viver é ser abençoado.
Enquanto a felicidade foge das multidões,
Em abrigos no campo, ela se oculta.
E tu também, Inspiração, cuja chama selvagem
Atira com rapidez elétrica através da paisagem,
Aqui amas te sentar com os olhos fixos,
E ouvir o córrego que murmura,
Os galhos que acenam, o voo suave da coruja cinzenta,
A doce música da noite silenciosa.
A calma é mais bem-vinda ao meu peito
Do que a loucura trajada de deslumbrante fulgor,
Aos Céus elevo minhas preces diárias,
Que possam abençoar meus despretensiosos dias,
Longe, afastado de todas as assombrações de conflitos,
Possa traçar comigo o humilde vale da vida,
E quando a Morte acenar sua flâmula sobre mim,

---

1   O terceiro rio mais longo no Reino Unido, que nasce em Staffordshire, e corre de oeste para leste, por 298 km, até desaguar no Mar do Norte. Historicamente, marca a fronteira natural entre o norte e o sul da Inglaterra. (N. da T.)

2   Narrador e suposto autor de um ciclo de poemas épicos publicados pelo poeta escocês James Macpherson a partir de 1760, que afirmou ter coletado o material em gaélico escocês, de fontes antigas, traduzidos por ele. Ossian baseia-se em Oisín, filho de Finn ou Fionn MacCumhaill, anglicizado para Finn McCool, bardo lendário, personagem da mitologia irlandesa. (N. da T.)

Mantenha os vigias pacíficos sobre minha tumba.
Agora, enquanto caminho, onde a terra se alarga,
Uma luz mais brilhante cai sobre meus olhos.
Não mais se encontra acima das copas das árvores,
Não mais o rio sussurra a meus pés,
Mas no fundo do precipício à beira do penhasco,
Através da floresta, agora reluz sua vaga prateada.
Escuro é o caminho acima — através do verde
Lançam-se sombras fantásticas, ainda muitas vezes
Na penumbra a lua lança seus castos raios,
Onde ramos de jacintos inclinam seus bulbos graciosos.
E leitos de violetas, florescendo entre as árvores,
Carregam com abundante fragrância a brisa noturna.

Dize, por que o Homem, enquanto para seus olhos
Cada arbusto apresenta uma fonte de puro deleite,
E a Natureza pede-lhe que seus tesouros fluam,
E apenas a ele mostra a sua felicidade,
Por que anseia pelos encantos mortais do Vício?
Por que tomar o Prazer da sereia em seus braços?
E sugar longos goles de seu voluptuoso hálito,
Mesmo carregado de ruína, infâmia e morte?
Poderia ele que assim se agarra ao vil prazer
Conhecer a calma alegria que brota de fontes mais puras;
Poderia ele sentir quão doces, quão livres de conflitos,
Os puros prazeres de uma vida inofensiva,
Não mais sua alma ansiaria por impuras alegrias,
Não mais o cálice mortal o atrairia,
Mas a doce poção que costumava beber
Em veneno se tornaria ao tocar os seus lábios.

Ó, Natureza, tu, com todos os teus inúmeros encantos,
Desfalecido eu apertaria para sempre em meus braços!
Tuas são as doçuras que nunca, nunca saciam,
Que ainda permanecem por todas as tormentas do destino.
Embora não por mim, foi a ordem divina do Céu
Deslizar por acres da terra natal,
Ainda assim minha sorte é abençoada, enquanto desfruto
Tuas belezas se abrirem com olhos amorosos.

Feliz é aquele, que, embora a taça da bem-aventurança
Já o tenha evitado quando ele pensou em beijá-la,
Que, ainda em extrema pobreza ou dor,
Pode contar com prazer as pequenas alegrias que restam:
Embora sua visão passasse de um lugar a outro,
Ele não encontraria nenhuma terra que fosse sua,
No entanto, ao olhar em volta, chora de alegria,
Toda esta terra foi feita para mim:
Para mim os campos distantes carregam seu fardo,
Para mim o lavrador conduz sua carga reluzente,
Enquanto feliz eu me reclino ocioso,
E percebo as visões gloriosas enquanto fulgem.
Este é o encanto, sempre contado pelos sábios,
Convertendo tudo o que toca em ouro.

O conteúdo pode acalmar onde estiver a fortuna,
Semeando um jardim num amplo deserto.

Que adorável, do alto desta colina,
Abre-se uma vasta paisagem ante meus olhos fatigados!
Por muitas milhas de extensas terras,
Até as montanhas azuis no distante horizonte
Minha visão se estende; enquanto acima de minha serena
  cabeça
A lua prateada ilumina o prado sob a névoa:
Agora brilha límpida, depois escurece a clareira,
Entre as mais suaves e variadas sombras.

Atrás de mim, eis a pacífica aldeota,
O deus sonolento cerrou os olhos à chave.
Não mais, onde até tarde ardia a fogueira da vila,
Ressoa o pique vazio, um pouco erguido,
Mas fechado em silêncio, acima da estrela de Árion,[3]
A Noite sonolenta desliza em sua carruagem de veludo:
Os sinos da igreja repicam, ressoando pela clareira,
A hora solene feita para os espíritos vagarem;
O pequeno lavrador, despertando com o ruído,
Ouve espantado, e olha em volta com pavor,
Então cobre os ouvidos, e tenta fechar os olhos,
Para que ao som um fantasma medonho não se erga.
Agora cessado o longo e monótono repique,
Retorna o silêncio que estagna na alma;
Salvo quando, perturbado por sonhos, aterrorizado,
O mastim uiva e agita a noite com sua bocarra:
Ou onde a taberna da vila celebra em despedida,
O letreiro range e assobia ao vento.
Um pouco mais à frente, faço uma curva,
Onde o assento coberto de musgo pede ao viajante que pare.
Aquele lugar, ó, ainda é o mesmo;
Aquele espinheiro dá-lhe sombra e deu-lhe o nome:
Ali a prímula ainda abre sua flor mais cedo,
Ali a violeta ainda exala seu primeiro perfume,
E no ramo que se eleva acima de tudo,
O pintarroxo imperturbado constrói seu ninho.
Foi aqui, quando a esperança, tomando meu peito,
Em cores vívidas envolvia todos os meus planos:
Foi aqui, reclinado, que saciei seus sonhos,
E perdi a noção do tempo fazendo planos visionários.
Aqui, ao tocar outra vez o antigo assento,
Por que, doce mentiroso, não mentir de novo?
Dize, podem poucos e breves anos causar esta mudança,
Que teus logros não mais possam enganar!
As sombras cores do tempo cobriram toda a paisagem,
E tu, alegre sedutor, fugiste também?

Embora vã tua promessa e grave o pedido,
Ainda assim poderias enganar a Desgraça de suas lágrimas,
E muitas vezes teus sorrisos pelo caminho sombrio da vida
Poderiam lançar um facho de luz sobre um dia transitório.

---

[3] A primeira menção literária a Árion é feita por Homero, na *Ilíada*, XXIII, 346. Filho de Deméter e Poseidon, segundo o poeta latino Sextus Propertius, era um cavalo de crinas azuis, com poder de fala que previa o futuro, considerado o mais rápido da mitologia grega, que salvou vários heróis com bravura. (N. da T.)

Quão alegre, na juventude, o futuro lisonjeiro se assemelha;
Quão doce parece a idade adulta nos sonhos infantis;
O terrível engano logo é trazido sob a luz.
E tudo é soterrado em uma noite mais profunda.
No entanto, alguns podem superar a dor,
E em seu peito manter o encanto da Esperança;
Enquanto outros, entorpecidos, veem,
Imóveis, seus belos planos se esvaírem;
Mas ainda há alguns — muito cedo encobertos!
Que se encolhem infelizes com a explosão adversa,
E cortejam o primeiro brilho, que rompe a escuridão,
Para dourar o sono silencioso da tumba.
Então nesses tons a primeira prímula dança,
Muito cedo enganada por sóis e degelo:
Então tombam por fim no árido deserto,
Com os botões a definhar sob o vento norte.

Agora passada a visão do alto da montanha,
Desço do penhasco íngreme por um caminho tortuoso;
Muitas vezes, como a estrada farfalhante que venci,
O coelho tímido de sua toca costumeira.
E, ó, que doce este pasto sob a mata,
Que serpenteia à margem do solene rio!
Que pastos rurais roubam-nos a visão!
Que novas visões prolongam o tranquilo prazer!

O arroio que se bifurca do prateado Trent,
A bétula sussurrante dobrada pelo zéfiro,
A ilha lenhosa, e a campina aberta,
A humilde cabana escondida em meio aos juncos,
O postigo rural, e o estilo rural,
E frequentemente intercalada, a pilha do lenhador.
Acima, abaixo, para onde eu virar os olhos,
Rochas, águas, matas, surgem em grande sucessão.
No alto do penhasco os diversos bosques ascendem,
E tristes lariços pendem da crista.
Em volta, que sons, que mágicos sons se elevam,
Que paisagens faiscantes saúdam meus olhos arrebatados!
Suavemente dormem as águas em seu leito de pedras,
O bosque acena gentil sobre minha cabeça reclinada.
E, aos poucos, vem soprado no vento,
O canto da longínqua andorinha no distante bosque que ficou para trás.
Ainda cada som que se eleva de tranquilo prazer
Estampa o temeroso silêncio da noite,
Exceto quando ouvido entre cada triste descanso,
Dissonante de seu ninho solitário,
A coruja, piando enfadada para a lua errante;
Agora singrando, enevoada, antes do zênite:
Ou quando o pato selvagem, migrando ao sul, vem para cá,
E mergulha, taciturno, nas rumorosas vagas.

Quantas vezes, neste lugar isolado, quando a juventude
Dava a cada história a força sagrada da verdade,
Quanto devaneei, enquanto a moça leiteira cantava
A trágica lenda, até o bosque estremecer!
Essa lenda, tão triste! — que, ainda cara à memória,
De sua doce fonte verte a lágrima sagrada,

E (embalado para escapar do controle severo da Razão)
Rouba sua suave mágica para a alma passiva.
Essas sombras sagradas — essas árvores que seduzem o vento,
Fazem-me lembrar de seus leves contornos.
Cem anos se passaram com sua marcha sublime,
Varridos sob a asa silenciosa do tempo,
Desde então, na sombra solitária da aldeia,
Reclusa viveu a muito famosa Moça de Clifton,
A bela Margaret; por ela cada pretendente
Confessou pessoalmente seu sofrimento,
Em segredo suspirava, vítima do desespero,
Sem se atrever a ansiar conquistar a incomparável bela.
Não mais o Pastor na campina florescente
Tocava alegre seu tosco flautim,
Não mais teceu a coroa de bem-me-quer para enfeitar
O colo imaculado de sua favorita,
Mas apático, reclinado, junto ao arroio borbulhante,
Misturou seus soluços ao vento que passava,
Lamentando seu amor infeliz; e, corajoso,
Longe desses campos sorridentes partiu, como um errante,
Para terras distantes, em busca de alento, para vagar a esmo,
Autoexilando-se de sua terra natal.

Porém nem a todos a moça expressou desdém;
Seu amado Bateman também não a amava em vão.
Sempre, sussurrando sob os galhos frondosos,
Os ecos respondiam às suas juras,
Aqui bem escondidos da luz do dia,
Apaixonados, decidiram amar em segredo.

Nas profundezas do bosque, ainda os camponeses chamam,
Lá a moça confessou, envergonhada, a sua paixão.
Ali no pasto verde podiam ser vistos correndo
Quando a noite avançava sobre o céu no Ocidente.
Aquele maldito teixo, aquela nogueira descascada,
Cada árvore carrega recordações do casal malfadado.

Uma noite, quando o outono soprava na brisa
Com as glórias passadas das árvores enlutadas,
A moça esperou sob o caramanchão de sempre.
E esperou muito além da hora marcada,
Mas Bateman não vinha; acima do bosque onírico,
Ventos portentosos uivavam;
E sombrias sobre as árvores despidas da floresta
As chuvas intermitentes provocaram soturnas inundações;
A noite estava escura; e, vez por outra, o vento
Parava por um momento — Margaret ouvia, pálida;
Mas ali, escondida, para seu ouvido ansioso,
Não havia ruído de passos para avisar que o amante chegara.
Estranhos medos agora enchiam seu peito — ela não sabia por que,
Ela gemia, e sussurrava o nome de Bateman a cada suspiro.
Ela ouve um barulho — é ele, ele quem chega afinal —,
Mas, que pena! Era apenas o vento que passava:
Porém, agora ela ouve passos apressados,
Vêm cada vez mais rápidos, cada vez mais próximos;
É Bateman, ele mesmo — ele salta em seus braços,

É ele quem a aperta, e repreende seus inúteis alarmes.
Mas, por que este silêncio? — Eu esperei muito tempo,
E a fria tempestade rugia entre as árvores.

E agora que estás aqui, meus medos se foram — mas dize-me,
Por que a lágrima salgada umedece tua face?
Dize, o que se passou? Então as nuvens se abriram
E a pálida lua mirou através da tempestuosa mortalha,
E o rosto de Bateman se iluminou; estava branco como cera,
E parecia aumentar a tristeza em seu olhar.
"Oh, dize-me, querido!", insistiu a moça,
"Por que trancas teu coração em tão taciturna aflição?"
Ele ergueu a cabeça, e três vezes ensaiou dizer,
Três vezes as palavras não saíram de seus lábios;
Quando por fim, relutante, ele quebrou
O profundo silêncio, à moça respondeu:
"Não te aflijas, meu amor; mas eis que surge a manhã
E devo me despedir destes campos;
Por três longos anos, por ordem do cruel destino,
Viverei com saudades em terras estrangeiras.
Ó, Margaret! Sinto presságios terríveis,
Dize, estando eu longe, continuarás fiel a mim?
Se as honras te tentarem, e as riquezas te atraírem,
Esquecerás os ardentes votos que me fizeste,
E reclinada nos sofás de seda da riqueza,
Banirás teu fiel Bateman de teu pensamento?"

"Ó, por quê?", responde a moça, "minha fé assim o prova,
Como podes? Ah, como podes suspeitar do meu amor?
Ouve-me, por Deus! Se meu coração traiçoeiro
Da lembrança apaixonada do meu Bateman se afastar,
Se, quando ele regressar à costa natal,
Encontrar sua Margaret sendo infiel a ele,
Os demônios do inferno e todas as forças pavorosas
Poderão juntos me arrancar do meu leito perjuro,
E me lançar de cabeça do terrível penhasco
Para a morte certa no abismo profundo!"
Assim disse a moça e de seu dedo tirou
Um anel de ouro, e partiu-o em dois;
Uma parte escondeu em seu adorável seio,
A outra, tremendo, deu a seu amado.
"Isto sela meu voto", disse ela, "este encantamento místico
Não poderá ser quebrado no futuro por nenhum outro,
O direito de vingança que envolve estes destinos
Não pode a lágrima movê-lo, nem o arrependimento dissolvê-lo".

Ela se calou. O corvo soltou um guincho triste,
O rio rugiu, o vento selvagem soprou,
E mais uma vez a senhora da noite,
Por trás de pesadas nuvens, lançou sua luz.
Tremendo, ela olhou essas maravilhas com receio;
Mas o gentil Bateman beijou-a para afastar seus medos,
Embora ainda sentisse oculto um segredo,
Agouros melancólicos ainda lhe tomavam o coração.
Quando o rapaz partiu para terras distantes,
A triste moça passou a viver uma vida solitária.
Continuou a fazer as mesmas caminhadas,

A conversar com seu amado sob a lua,
E feliz, andando entre as árvores,
Ela o ouvia sussurrar na leve brisa que passava.

Assim dois anos fluíram em silenciosa tristeza;
No terceiro, seu peito sentiu um breve alívio:
A ausência esfriou o amor — a pobre chama
Extinguia-se rápido, quando então veio o tentador!
Ofereceu-lhe riqueza, e todos os gozos da vida,
E a moça fraca tornou-se esposa de outro!
Seis meses culpados marcaram o crime da falsa jovem,
Quando Bateman retornou à terra natal.
Certo de sua constância, exultante, ele veio
Reclamar a adorável companheira de sua alma;
Seu coração estava leve, subindo o conhecido caminho
Ele dobrou o passo — e felizes eram todos os seus pensamentos.
Ó, quem pode descrever os agonizantes espinhos
Quando a fatal notícia feriu seus ouvidos!
Perplexo de espanto — irascível com o baque,
A mágoa tornou-o uma estátua de mármore;
Então, sentindo os horrores do desespero,
Bateu a testa, e puxou os cabelos eriçados;
Depois em um ímpeto fugiu daquele lugar terrível,
E buscou as paisagens (vivas na memória),
Aquelas paisagens, testemunhas do seu amor ardente,
E agora testemunhas da vergonha de Margaret.
À noite — buscou a margem solitária do rio,
E andou de novo por onde os dois costumavam caminhar.
Agora à margem em silente pesar ele parou,
E olhou atentamente para a furtiva correnteza,
Com a morte na mente e loucura nos olhos,
Observou as águas que sussurravam;
Pediu à vil assassina que triunfasse sobre seu túmulo —
Pronto para saltar no turbilhão de águas.

Ainda assim deteve-se, indeciso,
Sua fé impediu-o de cometer o impensado ato.
Ajoelhou-se. — O vento soprava-lhe frio na face,
E abrandou a febre em sua mente enlouquecida,
Os salgueiros oscilavam, o rio corria docemente,
Os pálidos raios da lua repousavam na superfície.
E tudo estava em paz; — sentiu uma calma
Sobre o peito atormentado dar-lhe alívio:
Ao virar-se para trás com olhos chorosos,
Viu o Bosque — e imaginou-a ali deitada,
Sua Margaret, embalada nos braços de Germain,
E a ira demoníaca ressurgiu em seu peito.
Convulsivamente, cerrou o punho trêmulo,
Outra vez lançou o olhar escurecido sobre o chão,
Então, rápido, saltou da margem,
E afundou na correnteza calma e traiçoeira.
Triste, na solidão da noite, o som,
Como no riacho em que mergulhou, ouviu-se:
Então tudo silenciou — as ondas se acalmaram,
O rio fluía tão docemente quanto antes;
Os salgueiros oscilavam, o luar brilhava sereno,
E a paz tornou a pairar sobre a paisagem.

Agora, sobre a bela perjura pendem
As sombras do remorso e de dor incessante.
Ela bem sabia — tarde se arrependeu —,
Logo sofrerá sob o golpe do destino.
Mas, para o filho que carregava no ventre,
O ofendido Deus prolongou sua vida sem abençoá-la.
Logo se passaram os meses num relâmpago,
E aproximava-se cada vez mais o dia temido;
O dia predestinado de dar à luz o filho,
E lançar a mãe sob a penumbra noturna.
A hora chegou, e da esposa desditosa
O bebê inocente lutou para nascer.
Ao anoitecer, à volta da cama revezavam
Amigos e parentes zelando por ela;
Em sagradas orações passaram as lentas horas,
Para expiarem seu terrível crime.
As rezas foram inúteis. — Por volta da meia-noite,
Caiu um sono pesado sobre os olhos turbados.
Em vão lutaram contra um sono invencível,
Um poder jamais visto fechou as pálpebras sonolentas.
Dormiram até que no rosado céu do Oriente
A florescente Manhã descerrou os olhos orvalhados;
Plenamente despertos, procuraram por ela no leito revolto,
Mas viram que a infeliz Margaret havia fugido;
E nunca mais aquele grupo choroso pôde
Ver a falsa moça insepulta.

Os camponeses vizinhos disseram que à noite
Ouviram gritos que os gelaram de medo;
E muitos bebês de colo, sendo amamentados,
Assustaram-se e tiveram seu sono turbado.
E mesmo agora sobre o brejo abandonado
Mostram o caminho por onde a bela passou,
Pelos demônios caídos, até as ondas adormecidas,
Onde ela e seu amado assassinado têm um túmulo comum.

Esta é a história, tão triste, de cara memória,
Que cedo na infância encantou meus ouvidos,
Esta história, que me pediu para buscar mais doçuras
No tenebroso silêncio desses obscuros recantos;
E mesmo agora, com poder melancólico,
Acrescenta um novo prazer à solitária hora.
Em meio a todos os encantos dados pela natureza mágica
A este lugar selvagem, este céu sublunar,
Com dupla alegria entusiasmada, a Fantasia se reclina
Nas lendas que correspondem às paisagens.
Isto lança um lustro feérico sobre as águas,

E emana a sombra mais doce da floresta;
Isto, enquanto jorra a cachoeira ao longe,
Empresta uma cadência romântica aos sons;
Isto, e o vale estreito, a aleia verde,
O riacho prateado, com tufos de juncos no entremeio,
As rochas maciças, o prado cercado por árvores,
As ilhotas varridas, e os abetos complacentes,
A extensa paisagem, e a trevas cerradas,
O caminho verdejante exalando seu perfume:
Estes são seus encantos, as alegrias que tudo isso confere
Te ligam, abençoado Clifton, ao meu coração!

Meu caro Bosque natal! Por onde me leve meu tortuoso caminho,
A ti, a Memória guiará de volta o andarilho.
Se eu vagar pelos lustrosos vales do Arno,[4]
Ou onde os pântanos de "Oswego"[5] obstroem a estrada;
Ou andar sozinho, onde, furiosa e extensa,
A chuva torrencial lava as encostas do São Gotardo;[6]
Ou pela clássica musa das margens do velho Tejo,[7]
Ou olhar abismado para os Pireneus;[8]
Ainda, ainda para ti, aonde meus passos me levem,
Meu coração apontará, e guiará o viajante de volta ao seu lar.
Quando o Esplendor brilhar, e a Fama incitar,
Pausarei, e me lembrarei de todas as tuas caras delícias.
Rejeitarei o favor e, cansado com a mudança,
Renunciarei ao desejo que primeiro induziu à evasão;
Voltarei outra vez a estas paisagens, estas tão conhecidas paisagens,
Percorrerei outra vez as margens românticas do velho Trent,
E exausto do mundo, e de todos os seus caminhos fervilhantes,
Passarei aqui o pouco que me resta dos meus dias.
Mas, se os Fados me negarem este último desejo,
E me condenarem a morrer em terras estrangeiras;
Ó, se isso agradar ao Rei celestial do mundo,
Que as ondas agitadas entoem meu hino fúnebre;
Ou que meu curso me leve a encalhar em algum deserto,
E me deitar estendido sob o punho explosivo do Simum;[9]
Ainda, embora sem lamento, encontrar uma tumba mais estranha,
Meu espírito vagará por esta cálida escuridão,
Voará no vento que varre o bosque despido,
Suspirará na escura alcova cercada pela floresta,
Sentará, solitário espectro, sobre um famoso túmulo,
E misturará seus gemidos à vastidão do deserto.

---

4 O rio Arno nasce nos Apeninos, no Monte Falterona, e atravessa a região da Toscana, percorrendo 241 km, e passa por Florença e Pisa antes de desaguar no Mar Tirreno. (N. da T.)
5 Localizado ao norte do Estado de Nova York, à beira do Lago Ontário. (N. da T.)
6 Maciço montanhoso nos Alpes suíços, entre Lucerna e Zurique. (N. da T.)
7 O rio Tejo nasce na Espanha (com o nome de Tajo), na Serra de Albarracín, e deságua no Oceano Atlântico, formando um estuário em Lisboa, Portugal. (N. da T.)
8 Cordilheira no sudoeste da Europa, cujos montes formam uma fronteira natural entre França e Espanha. (N. da T.)
9 Simum (ou samiel), vento quente que sopra do meio do Saara em direção ao norte da África, capaz de provocar grandes tempestades de areia. (N. da T.)

Assim somos transportados para dentro da história, que se parece tanto com a história de amor entre Cathy e Heathcliff no início, até os amantes encontrarem seu fim em um "túmulo comum" (l.440). É neste verso que o segundo desenho aparece, bem no fim da estrofe. Essencialmente, os símbolos dos Brontë claramente indicam onde começa e termina a história de amor entre Margaret e Bateman. Até esse momento, Kirke White estava mais interessado nos elementos naturais do bosque onde os amantes se encontram. Antes, até mencionar a lenda folclórica da Moça de Clifton, somos apresentados à paisagem pastoril da região, como se esperaria de um poeta da geração romântica de Kirke White. Ele se imagina vagando solitário, como o etéreo Wordsworth, por esse belo lugar:

Aqui vagando sozinho sob os caramanchões silvestres,
Venho passar uma hora para meditar
(ll.29-30)

Kirke se lembra dos menores detalhes do bosque, aumentando a lucidez de suas lembranças, e imagina-se caminhando pelo largo gramado, na margem sul do rio Trent, um percurso comum para os moradores da região:

(...) do prateado Trent,
A bétula sussurrante dobrada pelo zéfiro,
A ilha lenhosa, e a campina aberta,
A humilde cabana escondida em meio aos juncos,
(ll.215-218)

As descrições perfeitas e o ritmo cadente dos versos permitem que o poema reproduza a correnteza do rio, e atraia Kirke White e seus leitores mais profundamente em sua fantasia. Ao exercitar a capacidade poética para descrever a beleza rústica, Kirke White está, na verdade, procurando a entidade que já iludiu muitos poetas: a inspiração.

Embora Emily lutasse contra um bloqueio de escrita — e sua poesia se tornasse famosa pelas imagens românticas — ela, ou um dos irmãos, marcou esta história de amor, saltando as descrições

Gravura do Bosque de Clifton que está no *Remains*.

grandiosas de Kirke White, e indo direto para o trecho da história amorosa. A insatisfação de Emily com Patrick quanto à história do seu relacionamento com Maria significava que ela queria compreender melhor o poder da paixão romântica e o ardor que essas imagens vívidas criaram na poesia de Patrick. No entanto, ao não conseguir delinear a história de amor do pai, ela busca outra. Desse modo, em Kirke White, ela encontra o Virgílio que iria guiá-la como a Dante, conduzindo-a através das complexas florestas da mente até o núcleo ficcional do romance.

A cidade de Clifton, em Nottingham, pela aparência, sempre foi um lugar agradável e modesto, porém, as lendas do povo, como Kirke White as descreve, muitas vezes:

(...) atrai sua família à noite em torno da lareira,
Para contar as mesmas lendas sem se cansar.
(ll.17-18)

Isso vai do conto da "Moça de Clifton", que influenciaria os textos de Kirke White e Emily Brontë, aos seus bravos cavaleiros, entre os quais está a figura reminiscente de Barba Azul: Sir Gervase Clifton (1587-1666). Conhecido pelos moradores de Clifton como "Sir Gervase das sete esposas", ele aparece como um "viúvo negro". Todas as esposas morrem prematuramente e a sexta chama-se Jane Eyre, filha de Anthony Eyre. Nos papéis dos cavaleiros e burgueses [cidadãos], a família Eyre, os Clifton e até os "White" estão integrados à história da vila de Clifton, como elucida *Thomas Bailey's Annals of Nottinghamshire* [Os Anais de Nottinghamshire Escritos por Thomas Bailey]. Uma das lendas narradas por Bailey é um duelo entre um Tory e um Whig[15], no início do século XVII. Um dos apoiadores do lutador Tory era Vincent Eyre, dono da fábrica de agulhas da cidade, um detalhe que remete ao Sr. Olivier, pai de Rosamund, em *Jane Eyre*.

Enquanto temos a impressão de que a história de Clifton atraiu Charlotte, as lendas folclóricas impressionaram Emily, o que não surpreende para uma escritora que incorpora "lendas de velhas senhoras" em seu romance. Através da simplória Nelly Dean, os moradores do Heights aprendem canções e folclores, recitando *Fairy Annie's Wedding* [O casamento da Fada Annie], embora toda vez interrompida pelo religioso Joseph, que acredita que contos que falam de magia são imorais e blasfemos (257). O fato de Emily, portanto, recontar a história de Cathy e Heathcliff coloca a história de amor deles entre as demais lendas locais em seu repertório, embora os locais da sua história ainda não tenham idealizado este "romance" como fazem os moradores de Clifton em relação à "história, tão triste", de Margaret e Bateman (l.243). O Bosque de Clifton está firmemente integrado na psique dos seus moradores, como o historiador de Nottingham, Frank E. Earp, ilustra: "Quantas pessoas da minha geração têm lembranças agradáveis do Bosque de Clifton? (...) 'Descendo a Escadaria da Bruxa!' ainda é um ditado popular do folclore de Clifton" (Earp, "Clifton Grove") — a Escadaria da Bruxa é a designação local para um declive entre as árvores que marca os caminhos laterais do bosque.

---

15 O Partido Whig, criado em 1678 e extinto em 1859, reunia as tendências liberais e contrapunha-se ao Partido Tory, de linha conservadora, no Reino Unido. Whig é uma expressão de origem popular (do escocês *whigg*, que significa 'leite amargo' ou 'soro de leite') que se tornou corrente para designar o partido liberal. (N. da T.)

Kirke White e seus contemporâneos acreditavam que a região estivesse impregnada de poderes místicos indefiníveis, que Joseph, do romance de Emily Brontë, jamais teria aprovado:

Em meio a todos os encantos dados por sua natureza mágica
A este lugar selvagem (...) lança um lustro feérico.
(ll.447-448; l.451)

À medida que as recordações de Kirke White se tornam cada vez mais vívidas, começa uma narrativa concêntrica: o verdadeiro eu de Kirke White, em busca de uma musa, vê-se em Clifton. Sua projeção vaga pelo caminho e ouve as lendas folclóricas dos "camponeses vizinhos" (l.433), tais como:

(...) [a] moça leiteira cantava
A trágica lenda, até o bosque estremecer.
(l.241-242)

Assim o poema segue, até descrever integralmente o romance indicado pelas marcações feitas pelos Brontë.

A construção de *O Morro dos Ventos Uivantes* imita este estilo em camadas, com o estranho, Lockwood, ouvindo a história de Cathy e Heathcliff de uma testemunha, Nelly Dean, mas não antes de entrar em contato com a lenda a partir dos livros de Cathy e seus fantasmas. Da mesma forma, Kirke White não conhece a história de amor de modo direto. A informação, como a de Lockwood, é construída a partir de sua imaginação e das histórias dos antepassados. A ficção e as lembranças de outras pessoas são tecidas em "Clifton Grove", como o conhecimento de Emily sobre sua mãe. As múltiplas camadas narrativas de *O Morro dos Ventos Uivantes* representam os limites entre a história de Emily e a de Maria, consequentemente respondendo às gradações da narração da lenda feita por Kirke White.

O papel da memória é significativo nos dois textos. As lembranças de Nelly, bem como as relíquias da infância de Cathy, são a força motriz do núcleo narrativo de *O Morro dos Ventos Uivantes*. Assim, ao lembrar o bosque e o folclore, Kirke White dá vida a esse legado. As recordações alimentam a imaginação de Emily Brontë e de Kirke White, e esse subtexto é alimentado mais ainda pela estrutura metaliterária de *O Morro dos Ventos Uivantes*. Cathy mantém seu diário em livros impressos, detalhando cenários imaginados por Emily, inspirados pelas antigas anotações que fez quando era criança nas margens de *The Remains of Henry Kirke White* e do *Poetical Works*. Quando Lockwood recita essas lembranças, Cathy retorna para reclamar o espaço e os objetos de sua infância.

No entanto, este não é o único momento em que Cathy deseja reviver a juventude. O delírio da personagem é visível, a ausência ou negligência de Heathcliff faz com que ela clame seu nome pelo pântano; uma cena popular na adaptação, em geral atribuída equivocadamente ao romance. Nesse estado de desassossego, induzido pela preferência aparente de Heathcliff pela cunhada, Isabella, Nelly percebe que Cathy está em um "aturdimento febril" (101). A desorientação de Cathy parece imitar, ou melhor, prenunciar, o estado mental de Lockwood diante da aparição do seu espectro. Como Lockwood não consegue distinguir entre fantasmas e sonhos, as lembranças da imaginação, Cathy também parece estar diante de uma assombração induzida pelo sono: "Não vê aquele rosto?", ela pergunta a Nelly, apenas para Emily nos revelar que Cathy está diante de um espelho (103). Assombrada pela própria imagem, ela não consegue distinguir uma visão de sonho da realidade, como Kirke White amalgama a "memória" de estar em Clifton com o "poeta" que está sentado à escrivaninha. Cathy anseia regressar à simplicidade da infância, da mesma forma que Kirke White: "Queria estar ao ar livre! Queria ser novamente uma menina (...) rindo dos meus machucados, sem me preocupar com eles!" (105). Ela pede que lhe abram a janela, como seu fantasma no início da história, como se o vidro servisse como uma barreira temporal (105). Respirando o ar do pântano, ela acredita ser "uma estranha: uma banida e exilada" (105), imitando o "autoexílio" (l.266) que vemos em Kirke White.

A abertura da barreira entre o lugar da memória e a realidade é imitada pelo método de rememoração de Kirke White. Ele imagina como o "serviçal camponês" abre o "portão estridente" (l.12),

REINVENTANDO O CÉU 167

recebendo-o de volta ao lar da infância. Da mesma forma, Cathy imagina ver a lanterna de Joseph: "ele está me esperando chegar em casa para trancar o portão" (105). Ao se imaginar cruzando este espaço, ela enfrenta os "fantasmas" de Gimmerton Kirk,[16] como Kirke White enfrenta os de Clifton, submergindo ansiosa em seus pensamentos. Ela deseja estar em sua cama "na velha casa" com o "vento passando pelos abetos junto à treliça" (103), do mesmo modo como os galhos batem contra a vidraça antes de o rosto do fantasma surgir para Lockwood.

Mais uma vez, a cama-caixote representa um lugar entre a vida e o pós-vida, um catalisador para a ficção, como Kirke White submerge além dos portões de Clifton para alcançar a inspiração poética. De repente, o desenho que se assemelha a um portal, que marcava a passagem da história para a lenda de Margaret e Bateman, parece uma premonição do contorno de *O Morro dos Ventos Uivantes* — a primeira introdução de Lockwood à história de amor do Heights acontece quando ele ousa passar pelo portão da propriedade: "O 'Entre'", dito por Joseph, "foi murmurado entre dentes cerrados e expressava o sentimento de 'Vá pro Diabo': nem o portão onde ele se apoiava manifestava um sinal de boas-vindas" (1).

O fechamento do portão do Heights também parece um paralelo com o segundo trecho, que denota a conclusão da história de amor. Lockwood pondera que as alegações do "folclore popular" que asseguram que "se lhes perguntar, vão jurar sobre a Bíblia que ele [Heathcliff] anda por aí. (...) aquele velho junto à lareira da cozinha afirma que viu os dois espiando pela janela do quarto de dormir" (280). Assim também, as moças do leite do Bosque de Clifton dizem vislumbrar as "sombras veneradas" dos amantes marcados pelo destino (l.237), como Lockwood encontra um pastorzinho que diz ver Heathcliff e "uma mulher" no pântano (281). Além disso, os "camponeses vizinhos" (l.433) dizem ouvir o choro de Margaret "mesmo agora, no distante descampado" (l.437) e contam suas histórias em torno da lareira. Outros paralelos podem ser feitos entre o clamor dos camponeses

---

[16] Vila mais próxima da casa de Wuthering Heights, no romance de Emily Brontë. (N. da T.)

de *O Morro dos Ventos Uivantes* de que os últimos desejos para o enterro de Heathcliff foram respeitados. Quanto à profanação do túmulo de Cathy, Heathcliff revela um plano: depois de tirar um dos lados do caixão, subornou o coveiro para "deixar" um lado aberto, como uma vez abrira os painéis da cama-caixote, esperando reencontrar o espírito de Cathy.

Então, quando enterram Heathcliff, ele e Cathy não dividem apenas um túmulo, mas um caixão (240). Assim também, após a morte de Bateman, Margaret vai até o bosque, no lugar onde ele se suicidou, para morrer ao lado dele: "Onde ela e seu amado assassinado têm um túmulo comum" (l.440). No entanto, é na morte e nas circunstâncias que conduzem ao trágico fim, que as semelhanças entre os amantes de Kirke White e Emily Brontë cessam. Quando Heathcliff retorna, após se ausentar de Yorkshire por três anos, ele se tornou um homem rico, cuja fortuna tem uma origem perturbadoramente vaga. Sabe que Cathy está casada com Edgar Linton, e não consegue fingir que prefere se vingar em vez de se reconciliar: "[Catherine] não tirava os olhos dele, por temer que ele desaparecesse assim que desviasse o olhar. Ele [Heathcliff] não ergueu os olhos para ela muitas vezes (...) cada vez mais confiante, [com] indisfarçado prazer" (79).

Mesmo assim, ele se casa com Isabella e leva Hindley à ruína, enquanto tortura Cathy mentalmente, alternando desprezo e perseguição. Por fim, ela falece depois de dar à luz: "Por volta da meia-noite, nasceu a [segunda] Catherine (...) e duas horas depois, morreu a mãe, sem recuperar a consciência o suficiente para perguntar por Heathcliff, nem reconhecer Edgar" (137). Bateman, porém, retorna uma vez que "seis meses de culpa" (l.361) marcaram o casamento da sua Margaret com o próspero Germain, e não os esperados três anos (veja l.315). Presumindo que Margaret tivesse sido sincera em suas juras de fidelidade:

(...) *exultante, ele veio,*
Reclamar a adorável companheira de sua alma.
(ll.363-364)

Ao saber do casamento de Margaret, Bateman retorna ao bosque, o antigo local favorito dos dois, como Heathcliff retorna a Wuthering Heights, porém sua vingança é muito mais psicológica. Bateman entra no bosque com a intenção de se matar — para que os moradores da cidade se tornem "testemunhas da vergonha de Margaret" (l.376). Heathcliff, por sua vez, implora que o fantasma de Cathy retorne, gritando: "Disseste que eu te matei — assombra-me, então!" (140). Momentos antes do suicídio, Bateman "pede à vil assassina que triunfe sobre seu túmulo" (l.383), subvertendo o gênero do "assassino". Embora Cathy ameace morrer se Heathcliff deixá-la novamente deitada em seu leito de morte: "Eu vou morrer!" (136), e antes tenha ameaçado: "Eu vou me matar!" (101), sua morte pode ser interpretada como o desejo de não querer se recuperar do parto e do delírio, ao contrário do afogamento premeditado de Bateman.

Enquanto uma leitora feminista possa interpretar esta inversão de gênero como uma forma de Emily Brontë fazer com que os homens reflitam sobre seu papel diante da morte de qualquer mulher, uma perspectiva psicológica pode levar em conta sua constante exposição ao luto de Patrick em relação à Maria. Independentemente de uma interpretação preferida, Emily não troca completamente o destino do herói pelo de sua heroína. Enquanto Bateman se lança na "corrente calma e traiçoeira" (l.400) do rio, Heathcliff também encontra seu destino no antigo santuário que compartilhava com Cathy: a cama-caixote. Lockwood espreita entre os painéis da cama e vê que Heathcliff parece "sorrir", vendo "o rosto e o pescoço lavados pela chuva; os lençóis pingando, e ele, imóvel" (279). Estar encharcado por causa da chuva reproduz a submersão de Bateman no rio, e Heathcliff também convida Cathy a testemunhar sua morte: a treliça onde seu fantasma apareceu para Lockwood: "indo e vindo, roçou a mão apoiada no peitoril; sem que o sangue escorresse pela pele cortada" (279). No lugar onde o fantasma incorpóreo de Cathy sangrou depois de se cortar no vidro, o mortal Heathcliff não sangra. Onde a memória deu ao espírito uma presença terrena, faz Heathcliff transcender a ferida humana, mais uma vez enfatizando a assimilação do natural e do sobrenatural permitidos nessa cama-caixote.

Os camponeses se perguntam se Heathcliff tinha a intenção de se matar, embora ele se negasse a comer e beber nos dias antes desse fato, mas a estranha calma dessa morte "pecaminosa" lembra a aceitação de Bateman de seu destino. Igualmente, Bateman invoca a imagem da amada: "e imaginou-a ali deitada" (l.394) no bosque, seu lugar sagrado, porém, em sua mente, ela está "embalada nos braços de Germain" (l.395), do mesmo modo que o fantasma de Cathy se autodenomina esposa de Edgar, "Catherine Linton", em vez de a amada de Heathcliff (20).

Este subtexto de uma pessoa amada e vital que não pode ser possuída é algo que deve ter tocado a órfã Emily. Consequentemente, a maternidade é um estado fugaz tanto em *O Morro dos Ventos Uivantes* quanto em "Clifton Grove". Enquanto Kirke White parece ter sido muito próximo da mãe, com grande parte da correspondência preservada por Southey no *Remains* sendo endereçada a ela, a Margaret do folclore de Clifton não vive para conhecer o filho. Com a maldição de Bateman prolongada apenas até o "dia temido" (l.414), a criança nasce, e a mãe se lança nas "sombras da noite" (l.416). Quando chega a hora do parto — exatamente à meia-noite (l.423), como no nascimento da segunda Catherine em *O Morro dos Ventos Uivantes* (137) —, o "bebê inocente luta para nascer" (l.418). Margaret não morre imediatamente, ao contrário da morte quase em seguida de Cathy. Em vez disso, Margaret espera até que adormeçam todos os que estão cuidando dela, temendo que sua inconstância resulte no seu fim. Ao acordar, veem que Margaret sumira: "a infeliz Margaret havia fugido" (l.430).

Kirke White termina a história descrevendo como os moradores de Clifton juram ter visto Margaret, entre a vida e a morte, caminhando até o bosque, onde ela e Bateman dormem em um "túmulo comum" (l.440), insinuando que ela também se lançara no rio. Mais uma vez, os gêneros dos amantes estão invertidos; então é Heathcliff, e não Cathy, que imita o desejo de Margaret de reencontrar o ser amado depois da morte. Margaret, no entanto, apenas espera o filho nascer para reencontrar Bateman no pós-vida, enquanto Heathcliff sobrevive por décadas após a morte de Cathy.

Emily faz os amantes viverem separados para acentuar o poder do "limbo literário", onde o fantasma de Cathy assombra, não só os camponeses, mas o próprio Heathcliff, imitando a longa ausência de Maria, que provoca uma influência direta sobre Presbitério. Quando Kirke White contempla o destino dos amantes, a segunda marcação dos Brontë é feita ao lado deste verso — como os portões dos jardins do Heights se fecham enquanto Lockwood e Nelly conversam sobre o enterro de Heathcliff "como ele havia desejado" (281), significando o começo e o fim das duas histórias.

As imagens fantasmagóricas de "Clifton Grove" tiveram um efeito evidente sobre a obra-prima gótica de Emily Brontë, embora, enquanto a história de amor espiritual do poema de Kirke White inspirou a base da história de Emily, sua capacidade e psicologia intrínseca lhe permitiram expandir as imagens do poema. O poema metafolclórico de Kirke White é transformado em uma narrativa cheia de subtons, tirando um pouco da história de amor, de modo que podemos levar em conta seu efeito cascata sobre as futuras gerações. Enquanto o desejo de Emily por uma ligação com o passado a levou a folhear o exemplar de *The Remains of Henry Kirke White* que pertencera à mãe, e seu "Clifton Grove" — e a busca que o poema descreve de alguma forma de interação com um amor do passado — era um sentimento que ela conhecia muito bem. Esta história de não querer se separar do ser amado falava diretamente aos órfãos Brontë; as relíquias da mãe podem ter sido inspiradoras em termos literários, mas eram um substituto emocional pobre diante da falta de suas próprias lembranças. Kirke White tinha as memórias do bosque natal, embora as lendas ali contidas em grande parte fossem inalcançáveis, pois confiou em contos folclóricos e nas recordações dos mais velhos para dar vida a esta história que ouvira na infância.

Imitando Kirke White, da mesma forma como imitara o pai, Emily nos pergunta como nos sentimos quando a história que queremos resgatar é a própria infância, uma infância antes da morte de sua mãe, quando tudo o que lhe restou foram memórias literárias. Assim, Maria assombra as páginas de *O Morro dos Ventos Uivantes* como Cathy faz em seu lar. Como o fantasma de Cathy, ela é um amálgama de diferentes tempos e percepções, como Lockwood descreve: embora o fantasma se identifique como "Catherine Linton", seu nome de casada, apesar de ele ter lido seu nome de solteira, Earnshaw, "vinte vezes mais do que Linton" (20). Além disso, ele descreve o fantasma com um rosto infantil, mesmo indicando uma idade adulta. Sem idade definida, esse espírito parece amalgamar o próprio tempo, criando uma "terrível coleção de lembranças" da vida de Cathy.

Nessa leitura eterna, Emily incorpora a frustração de ter que confiar nas palavras e lembranças dos outros para criar a imagem da própria mãe, ecoada em sua própria estrutura e nas lendas fantasmagóricas de Kirke White. O *Remains* propriamente dito, tendo viajado da cidade natal na Cornualha, é uma relíquia de um período anterior ao de Maria se tornar esposa e mãe, portanto dizer que fosse o vestígio de sua "mãe" era quase tão intangível quanto um fantasma para Emily, forçando um sobrenome de casada a uma mulher solteira. No entanto, se ela teve que confiar nos relatos alheios para devolver a vida à mãe, Emily se inspirou nas imagens de Kirke White com seu próprio espírito para que sua imaginação e a memória de Maria conseguissem criar um céu reimaginado que ambas pudessem compartilhar, usando Kirke White como guia.

Entre camas e livros, Emily escolhe acreditar que os vestígios literários de Maria — e sua proeza criativa — tinham o poder de fazer com que a memória de sua mãe se manifestasse, exigindo entrada no Presbitério.

Obras citadas

Bailey, Thomas. *Annals of Nottinghamshire: History of the County of Nottingham, including the borough* Vol. III. (Londres: Simpkin, Marshall, and Co., 1853)
Barker, Juliet. *The Brontës: A Life in Letters*. (Londres: Viking, 1997)
Brontë, Emily. *The Complete Poems*. Ed. Janet Gezari. (Londres: Penguin Books, Ltd. 1992)
Brontë, Emily e Anne Brontë. *Wuthering Heights & Agnes Grey*. (Londres: Smith, Elder & Co., 1870)
Brontë, Patrick. *Brontëana: The Rev. Patrick Brontë, A.B., His Collected Works and Life*. (Bingley: T. Harrison & Sons, 1898)
Du Maurier, Daphne. *Vanishing Corwall*. (Cornualha: Doubleday, 1967)
Earp, Frank E. "Clifton Grove", *nottinghamhiddenhistoryteam*, 2013, https://nottinghamhiddenhistoryteam.wordpress.com/2013/03/11/clifton-grove/

Earp, Frank E. "The Fair Maid of Clifton", *nottinghamhiddenhistoryteam*, 2013, https://nottinghamhiddenhistoryteam.wordpress.com/2013/03/11/the-fair-maid-of-clifton/

Ellis, Samantha. *Take Courage: Anne Brontë and the Art of Life*. (Londres: Chatto & Windus, 2017)

Gaskell, Elizabeth. *Life of Charlotte Brontë, Volume One*. (1857) (Reimpressão: Nova York: Cosimo, Inc. 2008)

Lutz, Deborah. *The Brontë Cabinet: Three Lives in Nine Objects*. (Nova York: W. W. Norton, 2016).

White, Henry Kirke, *The Remains of HENRY KIRKE WHITE, of Nottingham, Late of St. John's College, Cambridge; With an Account of his LIFE*. Ed. Robert Southey. Vol. 1. Quarta Edição. (Londres: Impresso para Vernor, Hood e Sharpe, 1810)

A SOCIEDADE BRONTË

Trazendo os Brontë para o mundo e o mundo para Yorkshire

Uma das sociedades literárias mais antigas do mundo, a Sociedade Brontë foi fundada em 1893 para organizar um lar permanente para os objetos que pertenceram à família Brontë.

Hoje, a Sociedade Brontë é uma organização mundial, multifacetada com a missão de celebrar as vidas e obras dos Brontë, mantendo o legado e o significado contemporâneo para um público global. A Sociedade administra o mundialmente famoso Brontë Parsonage Museum em Haworth, que preserva a maior coleção dos manuscritos, móveis e objetos pessoais dos Brontë. A Sociedade conserva, interpreta, exibe e constrói uma inter-relação com sua coleção única e a paisagem que os inspirou. Também oferece bolsas de estudos e uma melhor compreensão de suas vidas e obras.

Além de uma oportunidade de aprendizado premiada, a Sociedade oferece um programa de artes contemporâneas que se relaciona e questiona a coleção de modos criativos. Aproveitando a deixa de abordagem multidisciplinar dos irmãos Brontë, a Sociedade explora as ligações com a literatura e outras formas de arte através de parcerias, encontrando novas formas de analisar e trabalhar a coleção.

O braço comercial da Sociedade Brontë, a Brontë Genius, administra sua loja, cuja renda ajuda a preservar o museu e a coleção. Para o acesso à ampla lista de livros, enfeites e presentes literários da loja, consulte www.bronte.org.uk/bronte-shop.

Também poderá apoiar o trabalho da Sociedade inscrevendo-se na crescente lista mundial de associados. Mais informações disponíveis em **www.bronte.org.uk/support-us**.

ASSINE NOSSA NEWSLETTER E RECEBA INFORMAÇÕES DE TODOS OS LANÇAMENTOS

www.faroeditorial.com.br

CAMPANHA

Há um grande número de portadores do vírus HIV e de hepatite que não se trata. Gratuito e sigiloso, fazer o teste de HIV e hepatite é mais rápido do que ler um livro.

FAÇA O TESTE, NÃO FIQUE NA DÚVIDA!

ESTA OBRA FOI IMPRESSA PELA GRÁFICA LC MOYSES EM OUTUBRO DE 2019